열정과 혁신으로 승부한
50인의
CEO 멘토

열정과 혁신으로 승부한
50인의
CEO 멘토

초판 1쇄 2015년 2월 28일
글 존 립친스키
옮긴이 엄성수
펴낸이 권경미
펴낸곳 도서출판 책숲
출판등록 제2011 – 000083호
주소 서울시 용산구 후암동 8
전화 070 – 8702 – 3368
팩스 02 – 318 – 1125

ISBN 979-11-86342-00-8 44320
ISBN 978-89-968087-4-9 (세트) 44080

이 도서의 국립중앙도서관 출판시도서목록(CIP)은 서지정보유통지원시스템
홈페이지(http://seoji.nl.go.kr)와 국가자료공동목록시스템(http://www.nl.go.kr/kolisnet)에서
이용하실 수 있습니다.(CIP제어번호: CIP2015003164)

*책값은 뒤표지에 있습니다.
*잘못 만든 책은 구입하신 서점에서 바꾸어 드립니다.
*책의 내용과 그림은 저자나 출판사의 서면 동의 없이 마음대로 쓸 수 없습니다.

문명을 바꾼 발견자들

열정과 혁신으로 승부한 50인의 CEO 멘토

존 립친스키 글 | 엄성수 옮김

책숲

현대인들 중에서 의식주를 완전히 자급자족하는 사람은 거의 없어요. 우리 대부분은 여러 기업들이 생산한 제품과 서비스를 이용하며 살고 있지요. 우리는 매일 어떤 제품과 어떤 서비스를 살 것인지를 결정하고 거래하고 있어요. 우리가 매일 먹는 음식, 책, TV와 영화, 휴대폰, 지하철이나 버스 등 이 모든 것이 기업에 의해 만들어지는 것이며 다양한 경쟁제품을 제치고 선택받은 것이지요.

사람들은 자신의 필요에 따라 사용하는 생활필수품에 대해 생존을 위한 것이 아니라 생활수준을 높이기 위한 것이라고 생각한답니다. 그 수준이란 다른 사람들과 비교해서 자신이 이 정도는 누렸으면 하고 기대하는 수준을 말해요. 사람들의 이런 기대 때문에 어떤 제품이나 서비스의 수요가 늘어나게 되며, 그러면 기업들은 그 제품이나 서비스를 공급해서 이익을 내기 위해 애를 쓰지요. 이익을 내는 것이 기업의 최종 목표이기 때문이에요. 기업은 소비자가 필요로 하는 것을 위해 제품을 만들고, 또 가장 성공한 기업들은 우리가 필요로 하는 것을 만들어내는 것이지요.

이처럼 사람들이 필요로 하는 것을 만들어내기 위해서 기업인이 갖추어야 할 중요한 것들이 몇 가지 있어요. 첫째, 제품과 서비스를 생산하는 데 필요한 자원을 확보해야 해요. 자원이란 인력이나 기계, 건물 같은 자본 설비, 건물 부지, 원자재 등을 말해요. 둘째, 자원을 구입할 돈을 확보해야 하죠. 셋째, 무엇을 생산할 것인지 그리고 얼마나 많이 생산할 것인지를 결정하고, 자원을 효율적으로 활용해 생산을 하는 거예요. 그리고 기업 관리자들은 각 자원을 최대한 경쟁력 있게 이용하는 방법을 생각해내야 해요. 마지막으로 기업가는 시장의 수요와 공급 상황이 어떻게 변화할 것인지를 예측할 수 있어야 하지요. 성공과 실패는 기업가가 미래를 예측하는 능력이 있느냐 없느냐 하는 것이에요. 가장 큰 성공을 거둔 기업가는 혁신을 위해 노력하는 사람들로, 그들은 미개척 시장이나 성장하는 시장의 잠재력을 간파하고 활용할 능력이 있어요.

이 책에 선정된 인물들은 모두 전 세계 기업 및 산업계에 영향을 주고 변화를 일으킨 사람들이에요. 그들은 혁신적인 아이디어를 들고 나와 성공한 사람들이지요. 이 책에서 소개할 50인의 인물들은 글을 쓴 개인의 주관적 판단에 의한 것이지만, 그들 50인 모두는 경영철학이나 산업계에 큰 발자취를 남긴 엘리트들임이 분명하답니다.

존 립친스키

1장

선구자들

PIONEERS ,

패스트푸드의 아버지 레이 크록

레이 크록은 사람들의 식생활 습관에 혁명적인 변화가 일어나고 있음을 알아챘어요. 외식을 원하는 사람들이 점차 늘고 있었지만 기존 식당들의 운영 방식은 그것을 따라갈 수 없었지요. 크록은 햄버거라는 간단한 메뉴를 저렴한 가격에 내놓으면서 훌륭한 서비스까지 곁들였고, 이러한 방식은 점점 커져가는 새로운 패스트푸드 시장에 힘을 보탰죠.

1954년, 밀크셰이크 믹서기 외판원이던 50대의 크록은 맥도날드 형제가 운영하던 캘리포니아의 햄버거 가게에서 똑같은 믹서기를 계속해서 주문해 오는 것을 보고 비행기를 타고 캘리포니아까지 날아갔어요. 그러고는 입이 떡 벌어졌죠. 사람들이 가게 앞에 길게 줄을 서 있었어요. 매장 주변은 더없이 깔끔했고, 흰 옷을 입은 직원들이 날렵한 동작으로 햄버거를 만들어내고 있었어요. 햄버거 가격도 저렴했죠. 맥도날드 형제는 느슨한 관리와 부진한 실적으로 악명 높던 패스트푸드 산업에 효율성을 도입했던 거예요.

평생 외판원으로 일했던 크록은 이 사업을 전국적으로 확대하면 성공할 가능성이 있다는 것을 직감적으로 알았어요. 그래서 얼른 맥도날드 형제와 가맹점 계약을 맺어, 1955년 일리노이 주 시카고에 직접 매장을 열었지요. 1년 후 크록은 체인점을 두 곳이나 더 열 수 있

열정과 혁신으로
승 부 한

었어요. 1960년에는 체인점이 미국 전역에 200개도 넘었어요. 1961년, 크록은 270만 달러를 주고 맥도날드 형제들로부터 사업 운영권을 사들였지요.

크록은 체인점 사업이 번창할수록 맛과 서비스가 똑같아야 한다는 사실을 잘 알고 있었어요. 그것은 맥도날드 체인점이 미국만이 아니라 전 세계로 확대될 때에 대비한 것이었어요. 크록은 헨리 포드의 자동차 대량 생산 방식을 도입해서, 똑같은 크기와 무게의 햄버거 빵에 같은 양의 양파와 피클을 넣게 했어요. 어느 체인점에 가든 맥도날드라는 브랜드 특유의 서비스가 제공되어, 똑같은 분위기와 맛, 서비스를 경험할 수 있게 했지요.

크록이 정한 목표는 '고객들이 어느 매장을 가든지 맥도날드 시스템을 믿고 계속해서 찾아오게 하는 것'이었어요. 신중한 체인점 개설과 집중적인 광고 역시 맥도날드 햄버거의 성공에 한몫했지요. 크록은 체인점을 운영할 사람들을 선택할 때 회계사나 요리사 출신보다는 외판원 출신을 선호했어요. 외판원들이 고객들과 더 좋은 관계를 맺는다고 보았거든요.

1970년대 초에 이르러 미국 전역에는 맥도날드 체인점이 2,000개 이상 들어섰고, 총 매출은 10억 달러를 넘어섰어요. 이후 30년간 맥도날드 햄버거는 100개 이상의 나라로 뻗어 나갔어요.

Ray Kroc

출생 1902년,
미국 일리노이 주 오크파크
업적 패스트푸드라는 새로운 산업을 창조
사망 1984년 캘리포니아 주 샌디에이고 시

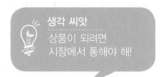

생각 씨앗
상품이 되려면
시장에서 통해야 해!

창조
혁신가

토머스 에디슨

토머스 에디슨은 사업을 성공시키기 위해서는 발명과 혁신이 중요하다는 것을 잘 알고 있었어요. 또 무언가 새로운 것을 만들 필요성보다는 그 결과물이 시장에서 통할 수 있어야 한다는 생각으로 일을 추진했어요. 60여 년간 그는 무려 1,000개 이상의 특허를 냈고, 인류의 일상생활을 바꾸는 데 커다란 영향을 끼쳤지요.

에디슨은 초등학교 때 퇴학을 당해 정규 교육을 거의 받지 못했지만, 천성적으로 호기심이 강해 어린 시절부터 과학 실험을 많이 했어요. 전신 기사로 일하던 열여섯 살 때는 모든 열정을 전기 기기와 관련된 실험에 쏟았지요. 그 이후로도 40년 가까이 에디슨은 탄소 전화 송화기, 축음기, 백열전구, 중앙 발전소, 알칼리 축전지, 영화 촬영기 등 놀랄 만큼 많은 발명 특허를 냈어요.

에디슨은 또 영락없는 기업가였어요. 그는 새로운 제품들을 개발하는 데 그치지 않고, 제조와 유통까지 책임졌어요. 이를테면 그는 자신이 발명한 백열전구를 팔기 위해서는 중앙 발전소들이 중요한 역할을 할 거라는 사실을 놓치지 않았던 거죠.

에디슨은 인정사정없는 사업가로 여겨졌어요. 툭하면 특허 소송이나 말다툼을 벌였지요. 그 중 하나가 '전류 전쟁'으로까지 불렸던 전

열정과 혁신으로
승   부   한

류 관련 소송인데, 당시 에디슨은 발전소에서 사용할 전류로 직류 전류를 밀었고, 라이벌이었던 또 다른 발명왕 조지 웨스팅하우스는 교류 전류를 밀었어요. 에디슨은 자신의 주장을 입증하기 위해 많은 사람이 보는 앞에서 코끼리 한 마리를 감전사시키는 시연을 보이기까지 했어요.

토머스 에디슨은 또 혁신가에 가까웠어요. 그는 기존의 아이디어를 검토하고 개선시키려 애썼는데, 그 목적은 아이디어를 상업적으로

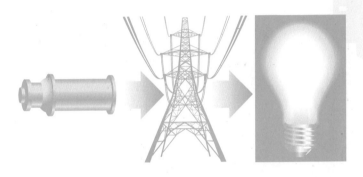

에디슨은 생활에 더없이 유용한 것들만 발명한 것이 아니라 상호 보완적인 제품들을 만들어 자신의 제품 시장을 키워나갔다. 백열 전구를 사용하려면 배선, 전력망, 발전소 등이 필요했는데, 에디슨은 그 모든 것들을 연구하고 만들었으며 또 팔았다.

활용하기 위한 것이었죠. 주식 시세 표시기, 전화, 전신, 백열전구 등이 모두 에디슨에 의해 개선·발전되어 실용화된 것들이에요. 이런 점에서 그는 먼저 사업가였고 그 다음에 과학자였다고 할 수 있지요.

Thomas Edison

출생 1847년,
미국 오하이오 주 밀란
업적 지속적으로 혁신적인
제품을 만들어내는 시스템
을 개발
사망 1931년 미국 뉴저지 주

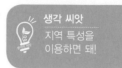

생각 씨앗
지역 특성을
이용하면 돼!

국제 무역가 존 제이콥 애스터

> 존 제이콥 애스터는 여러 사업으로 돈을 번 미국 최초의 자본가 중 한 사람
> 이에요. 그는 모피 사업으로 큰 성공을 거두었고, 그것으로 가장 잘 알려져
> 있어요. 그는 그 어떤 경쟁자들보다 먼저 국제 무역의 개념을 잘 이해해서 활
> 용했고, 그 덕에 막대한 부를 축적했지요. 그는 모피 사업 외에 금융과 부동
> 산 분야에서도 성공을 거두었어요.

독일에서 태어난 애스터는 1784년에 미국으로 이주
해 뉴욕에 있는 한 모피가게에서 일하게 되었
어요. 몇 년 안 돼 그는 모피를 싣고 런던으
로 가서 모피를 팔고, 그 돈으로 악기를 사들
여 뉴욕에 와서 되팔았어요. 그러면서 미국 최초로 모피와 악기를
취급하는 소매상으로 자리를 잡게 되죠. 18세기 말에 이르러 애스터
는 모피 사업 외에 은행과 보험 회사, 부동산에도 투자를 했어요. 그
가 취급하는 무역 상품은 무기에서 양모, 심지어 아편까지 그 종류가
아주 다양했어요.

애스터가 가장 관심을 기울인 것은 역시 모피 장사였어요. 1808년
에 애스터는 아메리칸 모피 사를 설립했고, 미주리 주와 컬럼비아 강
을 따라 교역소를 세웠지요. 그는 캐나다에 있는 브리티시 허드슨 베
이 사처럼 이미 확고하게 자리를 잡고 있던 독점 업체들과 경쟁했어

열정과 혁신으로
승 부 한

요. 인디언 원주민 및 영국인들과 좋은 관계를 유지해 그들로부터 모피 무역 허가를 얻어낸 것이죠. 그가 그렇게 할 수 있었던 것은 미국 및 영국의 거물 정치인들에게 상당한 정치적 영향력을 행사할 수 있었기 때문이었어요.

1812년 미국과 영국 사이에 전쟁이 일어나자 영국은 그의 교역소 중 상당수를 점령했고, 그 바람에 애스터의 모피 무역은 큰 타격을 받았어요. 그러나 5년도 채 안 돼 미국 의회는 보호무역 조치들을 취했고, 그 덕에 그의 회사는 미국 동부의 5대호 일대를 중심으로 다시 독점에 가까운 모피 무역을 시작할 수 있었어요.

애스터의 사업 성공 비결은 각 지역과 나라에서 상대적으로 유리한 제품들을 잘 파악하는 데 있었어요. 어떤 제품을 생산하는 데 있어서 상대적으로 비용이 덜 드는 나라의 제품을 구입해서 다른 지역이나 나라에 팔아 이익을 남기는 것이죠. 이를테면 인디언들로부터 직접 모피를 사들여 가정용품이나 술과 교환하고, 그 모피들은 유럽과 중국으로 수출했어요. 또 거기서 값비싼 사치품들과 교환하여 뉴욕으로 가져와 되팔았죠.

1830년대 중반에 이르러, 애스터는 모피 사업에서 손을 떼고 뉴욕 맨해튼 지역 일대에 있던 부동산 벤처 기업들에 투자했어요. 여러 가지 자선 사업에도 돈을 기부했지요. 죽기 전 애스터는 다시 태어난다면 자신이 갖고 있는 돈을 모두 투자해 맨해튼 섬에 있는 부동산을 사들일 거라는 말을 했다고 해요.

John Jacob
Astor

출생 1763년,
독일 발도르프
업적 국제 무역에 대한 지
식을 최대한 잘 활용
사망 1848년 미국 뉴욕

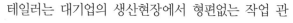

관리 이론가 프레드릭 윈슬로 테일러

테일러는 머리가 비상했지만 시력이 약해 하버드 대학에 진학하지 못하고 미드베일 제철소에 취업을 했어요. 말단으로 들어갔지만 열심히 일해 승진에 승진을 거듭하다 나중에는 수석 엔지니어가 되었지요. 그의 목표는 어떻게 하면 작업을 더 효율적으로 할 수 있는지를 알아내는 것이었어요.

테일러는 대기업의 생산현장에서 형편없는 작업 관행과 '주먹구구식' 관리가 행해지는 것을 경험하고는 '과학적 관리법'을 통해 비효율적인 생산 과정을 시정하려고 노력했어요. 이 새로운 관리 기법의 핵심은 작업 할당이었어요. 전체 생산 과정을 작은 부분들로 나누어 전문화시키는 것이지요. 테일러는 목표 달성을 독려하기 위해 성과급제를 도입했고, 또한 적절한 교육도 병행해야 동기 부여가 될 수 있다고 주장했어요.

테일러는 교육 수준이 낮은 공장 노동자들의 생산성을 높이기 위해 기획 부서를 만들었어요. 부서에서는 작업 내용을 검토하고 분석해서 현실적인 작업 목표를 정했고, 덕분에 테일러는 미드베일 제철소의 생산성을 두 배로 높일 수 있었다고 해요.

곧 다른 제조 기업들도 테일러에게 자문을 요청해왔어요. 1901년

열정과 혁신으로
승 부 한

그는 미국 철강 회사 베슬리헴 스틸에 들어가 대대적인 생산비 분석을 실시하여 생산 인력을 500명에서 140명으로 줄이고, 원료비도 8센트에서 4센트로 낮췄으며, 그러면서도 생산량은 두 배로 늘렸다고 해요. 그러나 그의 급진적인 생산비 절감 방식은 중간 관리자들과 노동조합으로부터 강한 반발을 샀어요. 결국 테일러는 베슬리헴 스틸에서 나오게 되었고, 그 이후 다시는 산업 현장으로 돌아가지 않았어요.

과학적 관리법은 지난 100여 년간 많은 논란을 불러일으켰어요. 노동자들을 대하는 고압적인 자세 때문에 테일러의 관리 기법을 비난하는 사람들도 많았지요. 오늘날의 관리 이론가들은 노동자의 아이디어와 팀워크가 더 중요하다고 강조해요. 그러나 한편에서는 테일러의 주장이 왜곡되어 있고, 실제로 테일러는 노동자의 이익을 경영진의 이익만큼이나 중요하게 생각했다고 주장하고 있어요.

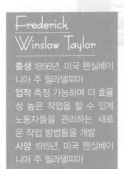

Frederick
Winslow Taylor

출생 1856년, 미국 펜실베이니아 주 필라델피아
업적 측정 가능하며 더 효율성 높은 작업을 할 수 있게 노동자들을 관리하는 새로운 작업 방법들을 개발
사망 1915년, 미국 펜실베이니아 주 필라델피아

테일러의 시간 및 동작 연구에는 삽의 크기도 포함됐다. 그는 꼼꼼한 실험을 통해 가장 효율적인 삽질을 하려면 한 번에 어느 정도 무게의 원료를 퍼야 하는지를 결정했다. 예를 들어 삽이 커 한 번에 너무 많은 원료를 담으면 삽질하는 데 시간이 오래 걸리고, 삽이 작아 너무 적은 원료를 담으면 삽질을 너무 자주 해야 했다. 그래서 그는 가장 적절한 양의 원료를 담을 수 있는 삽을 만들어내기까지 했다.

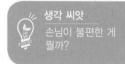

생각 씨앗
손님이 불편한 게
뭘까?

혁명적인 소매상 프랭크 울워스

> 프랭크 울워스는 농가에서 자랐지만 늘 자신의 사업을 하고 싶다는 포부를
> 갖고 있었어요. 그가 뉴욕의 포목점에서 일할 때 진열상품을 단 5센트에 판
> 매하는 판촉 행사를 벌이게 되었어요. 울워스가 5센트에 판매될 물건을 선
> 정하고 진열하는 일을 맡게 되었고, 그 판촉 행사는 아주 큰 성공을 거두
> 었지요.

1878년 울워스는 이전 워터타운 포목점에서의 성공을 재연하고 싶다는 희망을 갖고 뉴욕 유티카 뒷골목에 자기 가게를 냈어요. 그 가게에서 파는 제품은 모두 5센트였어요. 이후에 울워스는 목이 좋은 시내 중심부로 가게를 옮겼고, 종류를 늘려 10센트짜리 물건도 추가했어요. 5센트, 10센트짜리 제품들을 판매하는 저렴한 가격의 균일가 할인 잡화점이 탄생한 거예요.

울워스의 가게에서는 손님들이 물건을 꼼꼼히 들여다볼 수 있었어요. 점원이 카운터 뒤에 있는 물건을 꺼내주던 기존 잡화점들과 비교하면, 가히 혁명적인 소매 판매 방식이었죠. 영어가 서툰 저소득 이민자들은 기존의 쇼핑 방식에 주눅이 드는 경우가 많았기 때문에 울워스의 가게는 특히 그들에게 인기가 높았어요.

울워스는 동업할 수 있는 사람들을 모집해 필요한 돈의 절반을 투자하고 대신 가게를 연 뒤 이익금의 절반을 가져갈 수 있게 했어요. 그 결과 투자자는 점점 늘어났어요.

울워스는 경쟁 중인 기존 잡화점들과도 협력 관계를 유지했어요. 도매상들에게서 물건을 사올 때 대량 구매를 통해 가격을 할인받을 수 있었기 때문이죠. 울워스는 경쟁 중인 기존 잡화점들을 '우호적인 경쟁 업체'라고 불렀는데, 1912년에는 그 업체들을 사들여 F. W. 울워스라는 자신의 회사를 만들었어요.

1919년에 울워스가 세상을 떠날 즈음에는 사람들에게 친숙한 빨간색 울워스 로고를 간판에 넣은 할인 매장이 미국 전역에 무려 1,000개에 달했어요. 울워스는 다양한 제품을 대량 생산할 수 있는 방식을 도입하는 데에 큰 기여를 했지요.

※ 공급망 : 어떤 제품을 생산해서 소비자들에게 공급하는 일련의 과정. 이론적으로 이 공급망이 짧을수록, 그러니까 제품 원료를 가공해 최종 사용자에게 공급되기까지 끼어드는 요소가 적을수록, 제조 원가는 물론이고 제품 가격도 낮아지게 돼요. 그런데 사실 이 공급망 속에 자금력이 풍부한 큰 도매상 같은 업체들이 끼어들면, 제품 보관이나 운송을 대규모로 할 수 있어 오히려 비용이 줄어들기도 해요.

Frank Woolworth

출생 1852년, 미국 뉴욕
업적 저렴한 가격의 균일가 할인 잡화점을 처음 도입
사망 1919년, 미국 뉴욕

Innovation
혁신

{ 혁신이란 보다 우수한 품질의 제품이나 생산 방법을 도입해 기존 제품이나 생산 방법을 무용지물로 만들어요. 혁신은 기업들에게 아주 큰 도움을 주어 생산 능력은 물론 제품 품질, 직원 고용, 급여, 이익 등에도 변화를 주게 돼요. 또한 혁신은 경제 발전의 원동력이 될 뿐만 아니라 사회 복지를 개선하는 데도 도움이 되죠. }

연구 및 개발 분야에서의 혁신은 몇 단계로 나눌 수 있는데, 첫 단계는 뭔가 새로운 아이디어를 찾아내는 '창의적인' 활동이라고 할 수 있어요. 두 번째 단계는 응용 연구 및 개발 과정으로, 엄격히 말하자면 '혁신적인 아이디어를 실현하기 위한' 활동이에요. 마지막 단계는 새로운 아이디어를 기업과 산업계, 경제에 확산하고 퍼뜨리는 단계예요.

혁신을 위한 투자는 장기적으로 먼 앞날을 내다보며 내리는 전략적인 결정으로, 투자에 영향을 미치는 전략은 다음과 같이 그 종류가 많아요.

먼저, 공격적인 전략은 어떤 기업이 새로운 기술을 도입해 시장을 지배하기 위해서 택하는 전략이에요. 이 경우 기업은 많은 노력을 기울여 새로운 아이디어를 만들어내고 그 아이디어 및 그와 관련된 것들을 보호하기 위해 특허를 취득하게 돼요. 그리고 새로운 아이디어를 실현하기 위해 과감한 설비 투자를 하고 직원들의 기술을 향상시키는 노력도 병행해요. 20세기의 대표적인 혁신으로는 미국 화학 기업인 뒤퐁의 나일론(1928년)과 고탄성 우레탄 섬유 라이크라(1959년)의 개발, 독일의 화학 기업인

이게파르벤의 다용도 플라스틱 제품 PVC(1929년)의 개발, 미국의 전자 기업 RCA의 컬러 텔레비전(1954년)의 개발 등을 꼽을 수 있어요.

방어적인 전략은 어떤 기업이 경쟁 업체의 제품 향상이나 기술 발전에 대응하기 위해 어쩔 수 없이 택하는 전략이에요. 대개 기술력이 없는 기업이거나 안전성이 입증된 제품개발에만 투자하려는 기업이지요. 다른 기업이 갖고 있는 특허를 침해하지 않는 범위 안에서 자신들의 기존 기술에 약간의 향상만 꾀하려고 하는 것도 방어적인 전략이라고 할 수 있어요.

모방 전략은 다른 기업의 아이디어를 모방하는 전략이에요. 어떤 기업이 모방 전략을 써서 이익을 내려면 값싼 노동력을 확보하고 있거나 고정 고객층 확보 등 자신들만의 장점이 있어야 해요. 예를 들어 올론(아크릴 합성 섬유의 일종), 데이크론(폴리에스테르계 합성 섬유), 나일론 같은 대체 제품들 때문에 인조 섬유 레이온의 경쟁력이 떨어지자, 뒤퐁 사는 1960년에 미국 레이온 시장에서 철수하게 되는데 사실 가장 큰 이유는 뒤퐁보다 제조 원가를 더 낮춘 다른 레이온 제조업체들과 더 이상 경쟁을 할 수 없었기 때문이에요.

마지막으로 종속 전략은 어떤 기업이 자신보다 더 크고 더 공격적인 기업과의 관계에서 종속적인 역할을 맡는 전략이에요. 예를 들면 어떤 큰 기업의 부품 공급 업체나 하청 업체가 되는 것이죠. 이런 기업들은 큰 기업으로부터 기술을 전수받기도 하고, 때론 기술 지원을 받거나 숙련된 직원들을 빌려오기도 해요.

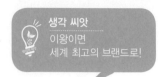

생각 씨앗
이왕이면
세계 최고의 브랜드로!

양모 상인 존 맥아더

> 오늘날 호주는 세계 최대의 양 사육 국가로, 전 세계 양의 1/4를 공급하고 있으며, 그 덕에 호주는 매년 약 25억 정도의 호주 달러를 벌어들이고 있어요. 호주산 메리노 양모는 또 세계 최고의 품질을 자랑하죠. 그런데 이 모든 것이 세계 최고 브랜드로 만들고 싶었던 존 맥아더와 엘리스 맥아더 부부의 노력 덕분이랍니다.

존 맥아더는 당시 영국의 식민지였던 호주에서 경리 장교로 복무하다 공공사업 감독관이 되었어요. 그는 1793년 영국 정부로부터 받은 100에이커의 땅을 개간하고는 남아프리카공화국에서 메리노 양을 몇 마리 사와 키우기 시작했어요.

원래 스페인이 원산지인 메리노 양은 양모와 고기를 얻을 목적으로 호주에 수입됐었는데, 털이 두툼하면서도 품질이 뛰어나기로 유명했어요. 그러나 호주에 들여온 메리노 양들을 현지의 양들과 이종 교배시키는 바람에 호주산 메리노 양모는 품질이 떨어진다고 알려져 있었어요. 맥아더 부부는 자신들의 메리노 양은 현지의 양들과 이종 교배를 시키지 않았고, 그 덕분에 거의 순종에 가까운 메리노 양이 4,000마리에 이르게 되었어요.

맥아더 부부는 자신들이 기르는 양들의 혈통을 더 순수하게 만들

22

열정과 혁신으로
승   부   한

기 위해 순종 메리노 양들을 더 사 왔어요. 이후에는 호주 뉴사우스웨일스에 방대한 땅을 매입했고, 유럽 여행을 하면서 양모를 팔았어요.

맥아더는 자신의 메리노 양모 품질을 더 높이면서 홍보에도 주력했죠. 그 결과 메리노 양모는 세계 최고의 브랜드가 되었어요. 양모는 배에 싣고 유럽까지 가도 부패하지 않아 높은 품질을 유지할 수 있어 호주 입장에서는 너무도 이상적인 수출품이었고, 실제 호주 경제를 성장시키는 데도 크게 기여했지요. 게다가 19세기 초 나폴레옹 전쟁으로 영국에 들어오던 양모의 상당 부분을 차지하던 스페인산 양모의 공급이 줄어들자, 품질 좋은 호주산 메리노 양모에 대한 수요가 급증했고 맥아더 부부는 엄청난 돈을 벌게 되었지요.

1817년, 호주로 되돌아온 맥아더는 메리노 양 사업을 계속 발전시키면서, 동시에 포도주 생산과 호주 은행에도 관여했어요. 그는 또 체계적인 양모 생산을 위해 특허 회사를 세우는 사업에도 손을 댔어요. 그래서 1824년, 자본금 100만 파운드를 투자해 런던에 100만 에이커 면적의 호주 농업 회사를 설립했지요.

※ 특허 회사 : 정부의 허가를 받아 운영되는 회사로, 특정 지역이나 자원을 특정한 조건 하에 이용할 수 있는 특별한 권리를 갖게 돼요. 특허 회사는 식민지를 갖고 있던 정부들이 식민지의 특정 지역이나 자원에 대한 자신들의 권한을 그대로 유지한 채 그 지역이나 자원을 개발하기 위해 만들어지는 경우가 많았어요.

John MacArthur

출생 1776년 영국 플리머스
주요 업적 호주를 세계적인 양모 생산지로 탈바꿈시킴
사망 1834년. 호주 뉴사우스웨일스 캠든 파크

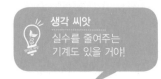

찰스 배비지

컴퓨터의 아버지

> 배비지는 계산기에 대한 연구로 '컴퓨터의 아버지'로 여겨지는 사람이에요. 자금 부족으로 인해 그가 만든 기계들은 제대로 작동된 적이 없지만, 계산기를 만든 경험을 통해 그는 생산 효율성 이론을 개발했고, 그의 이론은 지금까지 많은 경제학자와 비즈니스 분석가들에게 영향을 주고 있어요. 그는 분업을 하면 제조비를 낮출 수 있다고 주장했어요.

배비지는 계산을 할 때 대수와 같은 수치표를 이용하면 오류가 많은 탓에 늘 골치를 앓았어요. 그래서 단조롭고 힘든 계산을 쉽게 해주고 인간의 실수를 줄여줄 기계를 개발하려고 애썼지요.

1820년에 배비지는 사람 대신 계산을 해주는 기계 장치인 '색다른 기계'의 원형을 개발해냈어요. 그런데 디자인과 제조 방법에 문제가 생겨 개발이 지연되자 후원을 해주기로 했던 영국 정부도 점차 손을 떼게 되었어요. 이에 굴하지 않고 배비지는 보다 분석 능력이 있는 기계를 개발하는 일에 착수했어요. 프로그래밍이 가능한 컴퓨터의 효시라고 할 수 있는 기계였죠. 하지만 빅토리아 시대의 공학 기술로는 그런 기계를 제조해낼 수가 없었어요.

계산기를 만드는 데 필요한 정밀 공학 기술이 없어 두 번 연속 계산기를 만드는 데 실패한 배비지는 집에 작업장을 차려서 설계 도안 전문가들과 함께 새로운 쇠붙이 절단 기계를 만들고 나사를 표준화시켰어요. 이 결과로 배비지는 영국의 공작 기계 산업을 발전시키는 데 큰 공헌을 했어요.

기계와 공장 시스템을 발전시키는 일에 관심이 많았던 배비지는 1832년에 『제조의 경제학에 대해』라는 책을 썼어요. 그 책에서 그는 분업을 하면 제조비를 줄일 수 있다고 주장했지요.

분업을 하면 각 노동자는 한 가지 일에 필요한 기술만 갖고 있으면 되기 때문에 평균 임금을 줄일 수 있고 그러면 기업들은 고정비 부담을 덜 느끼게 되어 혁신도 더 잘할 수 있다고 주장했던 거지요. 분업이야말로 혁신을 하기 위해 반드시 선행되어야 할 일이라고 본 거예요. 혁신적이고 새로운 제품을 고안하고 만드는 데 필요한 모든 기술을 갖고 있을 만큼 재능 있는 개인을 찾기란 거의 불가능하니까요. 그보다는 분업이나 공동 작업을 하는 것이 기술을 발전시키는 데 가장 좋은 방법이죠.

배비지의 저서와 주장은 영국 철학자이자 경제학자인 존 스튜어트 밀과 독일 철학자이자 경제학자인 칼 마르크스에게 지대한 영향을 미쳤어요. '노동자와 기계 간의 투쟁'이라는 마르크스주의자들의 주장 역시 배비지의 저서에서 영향을 받은 거예요.

Charles Babbage

출생 1791년.
영국 데본셔 주 틴머스
업적 프로그래밍이 가능한 계산기를 개발했으며 생산 경제학의 초기 이론을 정립
사망 1871년 영국 런던

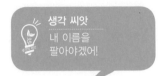

생각 씨앗
내 이름을
팔아야겠어!

**도예의
대가**

조시아 웨지우드

조시아 웨지우드는 도자기 제조업을 산업화시켰어요. 그는 일평생 도자기 제
조 기법과 디자인을 실험했고, 여러 가지 새로운 자기와 유약, 점토를 도입
해 소비자들로부터 열렬한 환영을 받았어요. 그는 또 영국 최초의 도자기 제
조 공장을 세우는 데에 큰 역할을 하기도 했어요. 그는 혁신뿐 아니라 마케
팅 능력 또한 뛰어났지요.

웨지우드는 도자기를 만드는 아버지 옆에서 어렸을
때부터 도예 기술을 배웠어요. 그는 처음으로
옅은 크림색 도자기 유약을 개발하는데 성공
하여 영국 국왕 조지 3세의 아내인 샬럿 왕비
에게 선사했어요. 그러자 왕비는 그에게 '여왕 도자기' 세트라는 말을
써도 좋다고 허락했지요. 이후 그는 자신을 '여왕 폐하의 도공'이라고
선전했고, 그의 도자기는 날개 돋친 듯 팔려 나갔어요.

웨지우드는 이후 '검은 현무암'이란 뜻의 블랙 바살트 자기를 도입
했고, 벽옥으로 만든 일명 '웨지우드 제스퍼웨어'라는 도자기를 내놓
아 대성공을 거두기도 했어요. 푸른색과 흰색이 특징인 웨지우드 제
스퍼웨어는 오늘날까지도 인기가 많답니다.

웨지우드는 런던의 부유층을 겨냥하여 도자기 전시실을 열고 판
매 사원을 고용했어요. 제품 카달로그도 만들었어요. 그는 모든 도

26

열정과 혁신으로
승   부   한

자기에 웨지우드라는 글자를 새겨 넣었어요. 자신의 이름을 브랜드화한 거예요.

이런 전략을 쓰려면 높은 품질의 제품 수준을 유지해 브랜드의 명성을 지킬 수 있어야 해요. 그는 자신의 도자기 작업장을 찾아다니며 품질이 떨어지는 도자기를 발견하면 지팡이로 부숴버렸다고 해요. 브랜드 이미지를 보호하기 위한 품질 관리의 초창기 예라고 할 수 있을 거예요. 이 같은 브랜드화는 품질이 우수하다는 평 이상의 가치를 부여했는데, 웨지우드의 만찬 자기 세트는 한때 사회적 지위의 상징이 되기도 했어요.

1770년대 초에 불경기가 시작되자 고급 제품에 대한 수요가 떨어졌고, 재고량은 늘어났어요. 어쩔 수 없이 가격을 내려야 했고, 웨지우드는 재정적 위기에 몰렸어요. 그는 위기를 비용 혁신을 통해 해결하려 했어요. 인건비와 재료비에 최신 회계 개념을 적용하고, 모든 간접비를 정확히 계산했어요. 그리고 대량 생산을 통해 제조비를 줄일 수 있는지를 조사해서 제조가격을 내렸어요. 중요한 것은 수요에 따라 제품 가격을 올리거나 내렸는데, 이 같은 개혁을 통해 불경기 속에서 다른 많은 경쟁 업체들을 제치고 웨지우드의 사업은 살아남을 수 있었어요.

Josiah
Wedgwood

출생 1730년 영국 버슬렘
업적 혁신가, 마케팅 전문가,
그리고 원가 계산 전문가로
도 뛰어났던 도예의 대가
사망 1795년 영국 버슬렘

2장

기업가들

INDUSTRIALISTS '

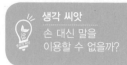
혁신가이자
기업가

리처드 아크라이트

리처드 아크라이트는 사람의 잠재력을 알아보는 능력이 있었어요. 그는 면사와 섬유 산업용 실의 생산 속도를 높여줄 뿐 아니라 보다 우수한 품질의 면사 생산까지 가능하게 해 주는 기계를 개발했어요. 게다가 대규모 산업 활동을 한 건물 안에서 이루어지게 하는, 현대적인 공장 시스템을 예견한 선구자가 되었죠.

아크라이트가 처음 시작한 사업은 가발 제조업이었어요. 가발 유행이 시들자 그는 직물로 관심을 돌렸는데, 당시 방적 일은 물레를 이용해 가내수공업으로 이루어졌어요. 1764년 제임스 하그리브스가 방적기를 개발했지만 인기가 없었어요. 그 방적기는 숙련된 기술자가 있어야 하는 데다 고장도 자주 났지요.

1768년 아크라이트는 존 케이와 함께 방적기계를 만들었어요. 처음에는 말을 이용해 동력을 만들었는데 이후에는 물로 동력을 얻게 했고, 수력 방적기로 더 잘 알려지게 되었어요. 이 기계의 장점은 더 강하고 섬세한 면사를 만들어낼 수 있을 뿐 아니라 비숙련공도 작동할 수 있다는 것이었지요.

최초의 수력 방적 공장은 1771년, 영국 더비셔 지역의 크롬포드에

열정과 혁신으로
승 부 한

세워졌어요. 처음에 100명이었던 노동자가 1,900명으로 늘어나자, 아크라이트는 공장 주변에 작은 집들을 지었고 그 일대에는 또 하나의 지역 사회가 생겼어요.

그 이후 면사 분리와 같은 직물 제조 방식이 발전되었고, 물을 끌어올리기 위해 증기력을 이용하게 된 것도 또 다른 혁신이었어요. 아크라이트는 방적 공장으로 많은 돈을 벌게 되었지요.

그의 혁신은 특허로 보호를 받았기 때문에, 아크라이트는 영국 도처에 다른 방적 공장을 세웠어요. 아크라이트의 특허들 가운데 일부는 다른 혁신가들의 아이디어를 베낀 것이라는 게 밝혀져 취소되기도 했지만, 그 무렵 아크라이트의 방적 사업은 이미 탄탄하게 자리를 잡아 별 타격을 받지 않았어요. 아크라이트의 기술 응용방식은 현대적인 공장 시스템의 발전에 많은 기여를 했어요. 그리고 이런 대규모 공장 시스템은 산업 혁명의 가장 큰 특징 중 하나가 되었고, 다른 산업으로 전파되었지요.

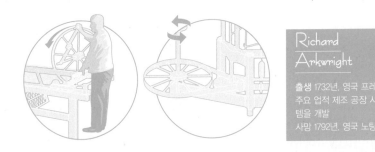

Richard
Arkwright

출생 1732년. 영국 프레스턴
주요 업적 제조 공장 시스템을 개발
사망 1792년. 영국 노팅엄

아크라이트는 사람 손으로 하던 일 대신 말의 힘을 빌려서 했고, 나중에는 물의 힘을 빌려서 했다. 그 덕분에 그의 기계들은 아이들도 작동할 수 있었고, 그래서 어른 노동자들보다 적은 임금을 주고도 공장을 운영할 수 있었다.

The Production Line
생산 라인

{ 생산 라인이란 자본, 재료, 노동력 등을 투입해 일련의 작업 과정을 거쳐 원하는 제품을 만들어내는 작업 흐름을 뜻해요. 각 작업 과정에서 제품을 더 다듬어 가치를 추가함으로써 시장에 내놓을 수 있는 수준의 제품으로 만드는 것이지요. 어떤 기술을 이용할 수 있고 또 각 작업 과정을 어떻게 잘 통합 조정하느냐에 따라 작업 효율성이 달라져요. }

생산 라인은 원자재를 마무리된 제품으로 바꾸는 일련의 간단한 작업 과정들이 모인 거예요. 대부분의 경우에는 제품 완성에 필요한 모든 작업을 한 노동자가 다 하지요. 그러나 더 발전된 조직에서는 분업화가 이루어져 생산성을 높이게 돼요.

고대 이집트의 전차 제작, 고대 중국의 석궁 제작, 16세기 이탈리아의 선박 건조 등이 그 좋은 예예요. 대부분 군대를 무장하기 위한 국가의 필요에 의해 행해진 것이죠. 그에 반해 오늘날 우리가 보고 있는 생산 라인은 19세기 들어 늘어나기 시작한 도시 노동자 계층의 대량 소비에 맞추어 생겨난 것이에요.

현대적인 생산 방식의 비결은 어떤 제품을 통합된 부품들로 나눈 다음, 그 부품들을 정확한 설계 기술을 사용해 똑같이 대량 복사하는 거예요. 그 결과 노동자들은 예전엔 본 적도 없고 만든 적도 없는 부품들의 생산에 몰두하게 되는 것이죠.

이처럼 혁명적인 작업 방식의 등장으로 인해 이제 제품 생산은 더 이상 개인의 힘이나 기술력에 의존하지 않게 되었어요. 예전 같으면 노동자가 될 수 없었던 여성과 아이들이 공장에서 일을 할 수 있게 되었고, 그들이 생산성 향상에 적극 참여하면서 기여를 하게 된 것이지요. 또 공장기계 산업의 기술이 발전하면서, 규격이 표준화되어 교체 가능한 부품들을 생산하는 게 가능해졌어요. 한 제품에 쓸 수 있는 부품이 다른 제품에도 그대로 쓰일 수 있게 된 것이죠. 그 결과 생산 라인은 '조립 라인'으로 바뀌었고, 거기서 다시 '자동화된' 조립 라인으로 바뀌게 돼요. 자동화된 조립 라인은 미국 디트로이트에서 헨리 포드가 처음 시작했어요.

작업이 연속적으로 이어지는 조립 라인이 경제적인 이유는 노동자들의 작업 시간을 최대한 줄여주기 때문이에요. 예를 들어 수공업 산업의 경우, 노동자는 부품과 연장을 찾아 다니느라 많은 시간을 썼는데, 조립라인은 한 장소에서 똑같은 작업을 되풀이해 한 가지 부품만 만들면 되는 것이지요.

그러나 조립 라인에 의한 생산 방식의 결점은 모든 생산이 표준화에 맞춰져 있다 보니 보다 발 빠른 제품 차별화를 요구하는 시장의 요구에 재빨리 대응하기 힘들다는 거예요. 그래서 이 생산 방식은 유행이나 스타일이 중시되는 제품들에는 맞지 않아요. 더 큰 결점은 노동자들로 하여금 소외감을 느끼게 하고 사기까지 떨어뜨린다는 거예요. 단순 작업만 하다보면 사람이 마치 기계의 일부처럼 느껴질 수 있거든요. 지난 30년간 산업계는 전통적인 조립 라인 생산 방식에서 벗어나 '종합적 품질 관리', '적기 공급', '재고 관리', '리더 없는 작업 그룹' 같은 새로운 생산 방식들을 도입해왔어요.

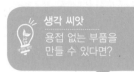
알프레드 크루프

알프레드 크루프는 아버지의 뒤를 이어 강철 제조업에 뛰어들어 사업을 크게 키웠어요. 그는 '베세머 철강 제조법'이란 이름으로 잘 알려져 있던 새로운 철강 제조 기술에 투자했고, 그 기술을 독일과 프랑스의 탄광업에 수직 통합 시켰어요. 이 밖에도 철도 부품 및 무기를 생산해 외국 정부에 공급하기도 했어요.

알프레드 크루프의 아버지는 알프레드가 열 네 살 되던 해에 세상을 떠났어요. 그래서 그는 아버지의 주물 공장 운영을 돕기 위해 학교도 그만두어야 했어요. 당시 그 공장은 주강과 각종 연장, 그리고 동전 염료 등을 만들고 있었어요. 이후 15년간 크루프는 노동자들과 함께 일하며, 공장을 어렵게 유지했어요. 1848년, 그는 마침내 공장의 단독 소유주가 되었고, 노동자도 100명으로 늘어났지요.

크루프는 1851년, 런던에서 열린 만국 박람회에 2톤짜리 강철 주괴(鑄塊. 일정한 틀에 부어 여러 가지 모양으로 주조한 금속 덩이)를 전시했어요. 그 결과 크루프의 에쎈 공장은 전 세계에 널리 알려지게 되었지요.

크루프의 공장은 품질이 뛰어난 철도 부품, 특히 용접을 하지 않은 열차 통바퀴의 주강을 만드는 일을 전문적으로 했어요. 그러다 1850

열정과 혁신으로
승   부   한

년대 말에 이르러서는 철강 대포 제조에도 뛰어들었고, 머지않아 철강 대포가 가장 중요한 생산품이 되었어요. 19세기 말 유럽의 불안한 정치 상황 속에 정부가 군수품 생산에 후한 보조금을 지급했기 때문이지요. 크루프가 세상을 떠날 무렵에는 대포 생산이 크루프의 공장에서 나오는 철강 제품 전체의 절반 가까이를 차지했고, 그래서 그는 '대포왕'이라는 별명까지 얻게 되었어요.

공장을 안정적으로 운영하고 원자재 공급을 원활하게 하기 위해 크루프는 강철 생산을 석탄 및 철 산업과 수직 통합 시켰어요. 새로운 기술을 도입하고 비용 효율을 높이기 위해 애도 썼지요. 그는 또 노동자들을 위해 특별 거주지를 마련했고, 복리후생 제도와 연금 제도를 만들었어요. 1880년대에 이르러 그의 회사에 고용된 노동자는 2만 명에 달했지요.

크루프는 다음과 같은 두 가지 원칙을 세워 자신이 죽은 뒤에도 사업이 계속 살아남을 수 있게 했어요. 첫째는 모든 수입은 사업을 위해 재투자할 것, 둘째는 회사는 반드시 한 사람이 계승해 운영할 것이었어요.

Alfred Krupp
출생 1812년, 독일 에쎈
업적 주강(鑄鋼) 즉, 주물용 철강의 발전 가능성을 예견
사망 1887년, 독일 에쎈

이동 조립 라인의 아버지 헨리 포드

헨리 포드는 19세기의 제조업을 오늘날과 같은 효율적인 대량 생산 체제로 탈바꿈시켰어요. 그는 생산 과정을 개혁했을 뿐 아니라 미국 사회까지 변화시켰지요. 일반 대중용 자동차를 대량 생산함으로써 이동성을 높였고, 그 결과 도시와 도시 외곽이 발전하게 됐고 고속도로망도 발전하게 됐기 때문이에요.

포드는 오랜 기간 기계 공학 분야에서 경험을 쌓은 뒤 자동차 산업에 뛰어들었고, 얼마 뒤 경주용 자동차를 만드는 회사의 소유주가 되었어요. 포드의 자동차 디자인이 성공을 거두면서 1903년 포드 자동차 회사는 주식회사가 되었어요. 1908년 포드는 동료 주주들의 주식을 모두 사들이고는 850달러라는 저렴한 가격의 모델 T(Model T. 포드가 만든 세계 최초의 대량 생산 자동차)를 생산했어요. 나중에 그 가격은 280달러까지 떨어졌죠. 포드는 이후 20년간 미국에서만 1,500만 대 이상의 자동차를 팔았어요.

자동차 가격을 그렇게 낮출 수 있었던 것은 대당 생산비를 크게 줄일 수 있었기 때문이에요. 포드 사의 혁신이 있기 전까지만 해도 자동차 생산 방식은 대개 한 팀의 노동자들이 처음부터 끝까지 그 자리에

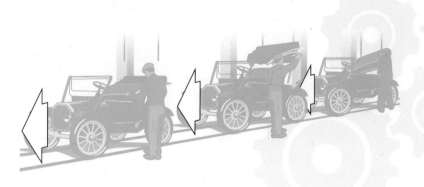

포드의 생산 라인에서는 각 노동자는 정해진 장소를 지키고 있고, 자동차가 컨베이어 벨트를 따라 한 장소에서 다른 장소로 이동하게 된다. 전체 생산 과정을 개별 부품별로 세분화하기 때문에, 노동자는 그 많은 작업 중에 한 가지 작업만 하면 되고, 그 때문에 포드는 숙련된 노동자를 덜 고용해도 되었고 생산성도 높일 수 있었다.

서 자동차 한 대를 만드는 방식이었어요. 그런데 포드 사에서는 작업을 세분화해 84개의 개별 작업으로 나누어 작업을 했지요. 1914년 무렵 포드의 공장에서는 자동차 한 대를 93분 만에 생산할 수 있었는데 이는 옛날 방식에 비해 8배나 빨라진 것이었지요.

초창기 대량 생산업체들의 가장 큰 문제점은 노동자들의 사기 저하였어요. 1914년 전까지만 해도 노동자들의 이직률이 높았는데, 포드는 2달러 50센트인 자동차 업계의 시간당 급여를 5달러로 높여, 노동자들이 계속 일할 수 있도록 동기를 부여했어요. 포드는 자신의 노동자들이 잠재적인 고객도 된다는 사실을 깨달았어요. 노동자들에게 높은 급여를 지급하면 결국은 그들이 소비자가 되어 자신들이 만든 제품의 수요를 늘려주게 된다는 것이죠. 이런 전략은 훗날 포디즘이라고 불리게 돼요.

Henry Ford
출생 1863년, 미국 미시건
주 디트로이트
업적 대량 생산이 가능한
이동 조립 라인 도입
사망 1947년, 미국 미시건
주 디트로이트

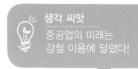

철강 산업의
아버지

앤드류 카네기

베세머 철강 제조법(가공하기 전의 선철을 강철로 전환시키는 최초의 경제성 있는 방법)의 잠재력에 끌린 카네기는 피츠버그 근처에 있는 한 철강 공장에 투자하기로 마음먹었어요. 중공업의 미래가 강철을 얼마나 잘 이용하느냐에 달려 있다는 것을 꿰뚫어보았던 것이죠. 그리고 철강 공장의 성공으로 카네기는 미국에서 가장 부유한 사람들 중 하나가 되었어요.

카네기 가족은 가난한 삶을 면하기 위해 1848년 스코틀랜드에서 미국 피츠버그로 이민을 갔어요. 카네기는 펜실베이니아 철도에 취업했는데, 미국 남북 전쟁(1861-1865년)으로 인해 철의 수요가 늘어나는 것을 보고, 철도 회사를 그만둔 뒤 목재 교량을 철재 교량으로 교체하는 사업에 투자했어요. 그리고는 3년도 채 안 되어 매년 5만 달러를 벌게 되자, 용광로와 제철소, 유전, 기관차 공장 등을 사들였고 철도 회사 채권 중개인도 했어요.

카네기는 영국에서 헨리 베세머를 만났어요. 새로운 철강 전환 기술인 베세머 철강 제조법을 고안해 낸 인물이죠. 1874년 그는 동업자들과 함께 피츠버그에 베세머식 철강 공장을 세웠어요. 비용 절감을 위해 늘 신속히 혁신을 받아들인 카네기는 1890년대에 이르러 평로 제

열정과 혁신으로
승 부 한

수직 통합이란 한 회사가 공급업체는 물론 고객까지 소유하는 것이다. 카네기 철강 회사는 그 초창기 예에 해당하는데, 강철의 원료를 공급하는 광산은 물론 기관차 제조 공장까지 소유했다.

강법이라는 보다 효율적인 철강 제조법을 도입했어요. 1889년에는 카네기의 모든 자산이 카네기 철강 회사로 통합되었어요.

그 회사는 큰 성공을 거두었고 규모도 아주 커져, 1889년에서 1899년까지 10년간 철강 생산량이 20만 톤에서 260만 톤으로 늘어났어요. 그 무렵 회사 관리를 맡고 있던 동업자 헨리 프릭과 갈등이 잦아지자, 카네기는 1,500만 달러에 헨리 프릭의 주식을 전부 사들였어요. 이후 카네기 철강 회사는 US 스틸로 이름을 바꾸었고, 주식 상장을 통해 14억 달러 가량의 자본금을 끌어들여 세계 최대 규모의 기업이 되었어요.

1901년 이후 카네기는 재산을 모을 때와 같은 열정으로 재산을 처분하기 시작했어요. 자신의 돈을 공공 도서관과 대학, 병원 건설은 물론 각종 과학 연구에 쏟아 부은 거예요. 그가 세상을 떠날 때까지 그렇게 쓴 돈이 무려 약 3억 5,000만 달러나 된다고 해요.

Andrew
Carnegie

출생 1835년.
스코틀랜드 던퍼믈린
업적 미국의 철강 산업을 획기적으로 발전시킴
사망 1919년.
미국 매사추세츠 주 레녹스

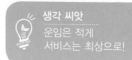

생각 씨앗
운임은 적게
서비스는 최상으로!

인정사정없는 경쟁자 코넬리우스 밴더빌트

> 뉴욕 항에서 조그만 배 한 척으로 사업을 시작한 코넬리우스 밴드빌트는 이후에 커다란 증기선을 운행할 만큼 사업을 키웠어요. 그의 사업은 크게 두 단계로 나뉘어 발전했는데, 첫 번째 단계에서는 사업의 기반 시설에 끊임없이 투자했어요. 두 번째 단계에서 그는 여러 철도 회사를 인수했으며 미국 북동부 지역의 시장을 쥐락펴락했답니다.

밴더빌트는 열여섯 살의 어린 나이에 뉴욕 내 스태튼 섬과 맨해튼을 오가는 연락선 운항을 시작했어요. 1812년 미국과 영국 사이에 전쟁이 일어났을 때는 미국 정부와 계약을 맺어 뉴욕 일대를 요새화하는 작업을 하기도 했어요. 그리고 거기서 번 돈으로 해운업에 투자해, 허드슨 강을 오르내리며 연락선 역할을 하는 증기선 한 척의 주인이 됐어요. 몇 년 후에도 계속 쓴 전략이지만, 그는 경쟁업체들보다 운임을 훨씬 더 싸게 받았어요. 그러면서도 더 편안하고 나은 서비스를 제공했지요. 그 결과 허드슨 강 일대의 운송 사업을 장악하게 되었고, 1829년에는 100척이 넘는 배를 소유하게 되면서 개인 재산은 50만 달러에 이르게 됐어요.

그는 미국 최초의 철도 중 하나인 뉴욕 앤 할렘 철도로 철도 사업을 시작했는데, 그 사업은 이후 일련의 인수·합병 과정을 거치면서

열정과 혁신으로
승 부 한

엄청난 이익을 내는 사업으로 발전하게 돼요. 밴더빌트가 철도사업에 성공한 이유는 그의 철도를 이용하는 고객이 많았기 때문이기도 하지만, 가장 많이 이용되는 철도 노선에 철강 레일을 깔고, 철로를 네 줄로 만들어 여객 열차와 화물 열차가 따로 다니게 하는 등 철도 기반 시설에 끊임없는 투자를 했기 때문이기도 해요.

밴더빌트는 늘 열심히 일했지만 자선 사업에는 인색한 것으로 소문이 났어요. 그가 세상을 떠날 때 재산의 대부분을 아들 윌리엄에게만 남겼고 나머지 두 아들에게는 아무 유산도 남기지 않았어요.

사업적인 측면에서 밴더빌트는 세밀한 부분까지 파악하는 데 아주 빨랐고 적절하면서도 효과적인 전략들을 잘 구사했어요. 특히 고품질의 서비스를 낮은 가격에 제공하는 데 뛰어났죠. 그것이 가능했던 이유는 두 가지인데 첫째, 주요 경쟁 업체들의 가격 자체가 국가 지정 독점 사업이라는 이유로 또는 일종의 가격 담합을 통해 인위적으로 높게 책정되는 경우가 많았어요. 둘째, 독점 사업 분야가 아닌 경우 밴더빌트는 단기적인 손해를 보면서까지 가격을 낮춰 경쟁 업체들을 죽이는 무자비한 전략을 썼어요. 더 값싼 서비스를 제공하면서도 품질을 떨어뜨리지 않음으로써, 경쟁 업체들을 쓰러뜨리고 향후의 경쟁에서 고객들의 변함없는 지지를 확보할 수 있었던 거지요.

Cornelius
Vanderbilt

출생 1794년, 미국 뉴욕
업적 저비용, 고품질을 앞
세운 운송업의 선구자
사망 1877년, 미국 뉴욕

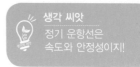

야심만만한 경쟁자 새뮤얼 커나드

> 목재상의 아들로 태어난 새뮤얼 커나드는 가업을 이어받아 금융, 목재, 조선, 해운업 등으로 사업을 확장시켰어요. 1840년에 그는 선박 네 척을 가지고 영국과 북아메리카 사이를 오가는 정기 운항 서비스를 시작했는데, 그 서비스는 곧 빠른 속도와 안전성으로 널리 인정을 받았어요.

커나드는 정식 교육을 받지 못해 전문적인 직업을 가져볼 기회도 없었어요. 대신에 아버지가 목재업에 종사했기 때문에, 어린 시절부터 상업과 재무에 대한 기본 지식을 배울 수 있었지요. 그가 살았던 캐나다 노바스코샤 주 할리팩스는 해상 무역이 성했어요. 그는 모든 악조건에도 불구하고 당시 캐나다를 통치하고 있던 영국 식민지 정부로부터 할리팩스에서 미국 보스턴과 서인도 제도를 오가는 우편물 연락선 사업권을 따냈고, 거기서부터 사업 운이 터졌어요.

영국 해군성은 오랜 동안 범선(돛이 달린 배)을 이용한 우편물 운송은 비효율적인 방법이라고 여겨왔고, 그래서 우편물 운송권은 증기선에만 준다는 조건을 내걸었어요. 그 분야에 종사하는 사람들은 모두 브리티시 웨스턴 증기선 회사가 정부 계약을 따낼 거라고 생각했

열정과 혁신으로
승 부 한

어요. 그 회사가 이미 북대서양을 통한 증기선 운항을 독점하고 있었기 때문이지요.

캐나다에서 가장 먼저 증기선에 투자를 한 사업가였던 커나드도 해군성 입찰 소식을 들었어요. 그는 그 소식을 접하자마자 입찰에 유리한 입지를 확보하기 위해, 충분한 자금을 끌어들였고 또 당대 최고의 증기선 엔지니어였던 로버트 나피어와 손잡았어요. 영국 해군성은 그가 제시한 사업 계획을 마음에 들어 했고, 결국 커나드는 우편물 운송 계약을 따냈어요.

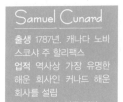

Samuel Cunard

출생 1787년. 캐나다 노바
스코샤 주 할리팩스
업적 역사상 가장 유명한
해운 회사인 커나드 해운
회사를 설립
사망 1865년. 영국 런던

커나드의 외륜 증기선(배 양옆에 물레방아 모양의 추진 기관이 달린 증기선) 네 척 중에는 순전히 증기의 힘만으로 대서양을 건넌 최초의 증기선인 SS 로열 윌리엄 호도 있었다. 그 증기선이 대서양을 횡단하는 데는 14일이 걸렸다. 변덕스러운 날씨에도 범선에 비해 비교적 일정한 시간이 걸린다는 것은 큰 장점이었다.

The Incorporated Company
주식회사

주식회사란 별도의 법적 지위를 갖는 회사를 말해요. 다시 말해 회사가 소유주 개인의 것이 아니라는 것이지요. 주식회사의 장점은 회사가 부채를 안게 되어도 그것이 소유주의 부채가 되지 않아요. 소유주는 자신이 투자한 범위 안에서만 법적 책임을 지게 되는 것이지요. 하지만 매년 회사의 재정 상태를 공개하게 되어 있어요.

가장 흔한 사업 형태는 '1인 회사' 아니면 '동업 회사'예요. 둘 다 비교적 설립하기가 쉽고, 소규모 사업에서 흔히 볼 수 있지요. 그러나 1인 회사와 동업 회사는 두 가지 단점이 있어요. 소유주가 동원할 수 있는 자금에 한계가 있어 사업을 확대하기가 어렵고, 사업을 하다가 빚을 질 경우 소유주가 법적으로 무제한 책임을 져야 한다는 것이지요.

주식회사는 소유주와 관계없는 별도의 법적 지위를 갖고 있어요. 사람처럼 자기 자신의 재산을 소유하거나, 계약을 할 수도 있고, 소송을 걸거나 당할 수도 있고, 개별적인 독립체로 세금도 부과되지요. 일단 주식회사가 되고 나면, 그 회사는 자발적이든 비자발적이든 문을 닫을 때까지 존재하게 되는 거예요.

주식회사처럼 주식이 공개된 기업에서는 주주들이 소유주예요. 물론 그들의 법적 책임은 주식 보유액에 한정되어 있죠. 만일 회사가 파산하면, 주주들의 부채는 돈으로 바꾸지 못한 자신들의 주식 보유액에만 한정되고, 갖고 있는 주식을 완전히 다 돈으로 바꾸었다면 더 이상의 법적 책임은 지

열정과 혁신으로
승 부 한

지 않아도 되죠. 주식회사의 이런 특징 때문에 투자자들은 주식회사의 주식을 사는 일에 매력을 느껴왔어요. 그런데 주식이 공개된 주식회사라 하더라도 사람들에게 잘 알려지지 않은 주식회사는 소유주가 사업에 직접 관여하기도 해요. 그럴 때는 은행이 개인 보증을 요구하는 경우가 많고, 그래서 소유주의 법적 책임이 개인 재산으로까지 확대되기도 하죠.

개인 소유에서 주식회사로 전환하면, 소유권의 지속성과 주식 지분의 양도도 가능해져요. 회사의 존재가 소유주와 완전히 분리되어 있기 때문에, 소유주가 죽거나 개인적으로 파산을 한다 해도 회사는 계속 존재하게 돼요. 게다가 기존 주식 시장이 있기 때문에, 주식 소유주들은 언제든 자신의 주식 지분을 팔아 다른 소유주에게 양도할 수가 있어요.

보다 규모가 큰 회사는 주식회사가 되면서 대개 소유와 경영이 분리되지요. 소유주들이 이사회를 선출하고, 그 이사회가 회사 운영을 책임지는 것이죠.

또한 주식회사가 되면 정부 보조금을 받을 자격이 생기고, 장기 대출 시장이나 증권 시장 같은 자본 시장에서 돈을 빌릴 수도 있어요. 공급업체도 개인 회사보다는 주식회사를 더 선호하지요. 마지막으로 주식회사에만 적용되는 세금 혜택도 받을 수 있어요.

다만 주식회사의 단점은 법적으로 주식회사 설립 요건에 필요한 모든 일을 하려다보면 종종 비용이 많이 든다는 것이에요. 게다가 주식회사는 법에 의해 연차 결산 보고서의 형태로 매년 회사의 재정 상태를 공개하게 되어 있어요. 이 때문에 일부 회사들은 주식회사로 전환하지 않고 계속 인 회사나 동업 회사 형태를 유지하기도 해요.

3장

사업가들

ENTREPRENURS ,

생각 씨앗
할인점이 답이야!

세계 최대의 매업자 샘 월튼

샘 월튼은 5센트와 10센트 짜리 물건을 파는 벤 프랭클린 잡화점으로 사업을 시작했어요. 그 후 15년간 미국 3개 주에 9개 이상의 가게를 운영하게 되자, 할인점 사업이 돈이 될 것임을 깨닫고, 새로운 사업에 투자하는 모험을 감행했지요. 그렇게 해서 월마트(Wal–Mart)가 탄생되었어요. 1992년 월튼이 세상을 떠날 무렵, 월마트 매장은 2,000개가 넘었어요.

1960년대 초에 K마트와 같은 할인점의 성공을 알게 된 월튼과 그의 형은 아칸소 주에 할인점을 열었어요. 당시의 전통적인 관점에서 보면, 소도시나 시골 지역 사회에는 할인점이 적합하지 않았어요. 그러나 그동안의 소매점 운영 경험과 미국 동부 지역의 시장 조사를 통해, 월튼은 소도시나 시골 지역에 할인점을 내는 전략이 성공을 거둘 것이라고 확신했어요.

월튼은 중심가에 위치한 매장에서 영업시간을 늘려 최대한 다양한 고객을 끌어들였어요. 또한 자신의 구매력을 활용해 제품을 싸게 사들임으로써, 거기서 절약된 돈을 고객들에게 돌려줄 수 있었어요.

월튼은 처음에는 미국 남부와 중서부만을 공략하면서 북동부의 대형 체인점이나 백화점들과는 경쟁을 피했어요.

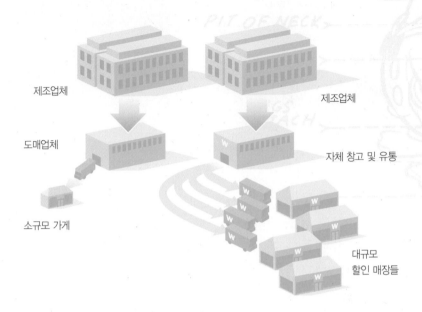

제조업체

제조업체

도매업체

자체 창고 및 유통

소규모 가게

대규모
할인 매장들

소규모 가게들은 대개 제조업체보다는 도매업체들로부터 물건을 사게 된다. 그러면 중간 상인이 끼어들고 제품 운송 및 보관 비용이 결국 추가 비용으로 나가는 것이다. 그러나 규모가 큰 회사들은 도매업체들을 거치지 않고 곧장 제조업체와 거래를 한다. 규모가 커질수록 유리하다는 '규모의 경제' 원칙에 따라, 중간 상인에게 따로 돈을 지불할 필요 없이 직접 제품을 대량 구매해 대량 보관하고 대량 운송하는 것이다.

점차로 그는 인구 밀집 지역으로 사업을 확장해나가면서, 중심가가 아닌 주변 지역에 매장을 냈어요. 이 때문에 그의 매장은 단순히 제품을 공급하는 것 이상의 역할을 했어요.

1980년에 이르러 월튼은 자신의 체인점 사업을 미국 전역으로 확대해도 되겠다는 확신을 갖고, 도심지로 진출했어요.

Sam Walton

출생 1918년, 미국 오클라호
마 주 킹 피셔
업적 할인점 개념을 처음
으로 개발
사망 1992년,
미국 아칸소 주 리틀 록

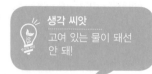

생각 씨앗
고여 있는 물이 돼선
안 돼!

브랜드 개발자

리처드 브랜슨

리처드 브랜슨은 위험이 따르는 새롭고 흥미진진한 사업에 뛰어드는 것을 좋아해요. 항공, 출판, 통신, 신용카드, 휴가, 헬스클럽, 우주여행 시장에 이르기까지 여러 다양한 사업에서 그가 운영하는 버진 그룹(Virgin Group)의 유명한 빨간색 로고를 볼 수 있지요. 그는 영국에서 국민적인 영웅이나 다름없답니다.

브랜슨이 본격적으로 사업을 키우기 시작한 것은 버진 레코드(Virgin Records)를 설립하면서부터예요. 버진 레코드에서 초창기에 내놓은 음반 중 하나가 영국 음악가 마이크 올드필드의 유명한 앨범 '튜블러 벨즈'인데, 그 앨범은 무려 1,300만 장이나 팔려나갔어요. 브랜슨은 상당수의 음악가들과 장기 계약을 맺어, 그들이 내놓는 곡들에 대한 모든 권리를 장기간 확보했어요. 1970년대 중반 섹스 피스톨스과 필 콜린스 같은 유명한 팝 밴드나 가수들의 음반 판매로 큰 성공을 거둔 버진 레코드는 미국으로도 진출했어요.

1984년에, 브랜슨은 주변의 반대에도 불구하고 버진 애틀랜틱 항공을 세웠어요. 이 항공사는 처음에는 런던에서 뉴욕까지 운항하다가, 이후 로스앤젤레스와 도쿄까지 운항했어요. 브랜슨은 모터 보트

열정과 혁신으로
승 부 한

와 열기구 등을 동원한 색다른 광고 전략으로 언론의 조명을 받을 수 있었지요.

새로운 사업에서 성공을 거두면서 브랜슨은 버진 애틀랜틱 항공을 주식회사로 전환한 후 그 이익금으로 온갖 종류의 사업에 재투자했어요. 이후에는 또 어떤 사업에 뛰어들지 아무도 예측할 수 없을 정도로 그의 사업 방향은 다양하고 과감했어요.

1992년 브랜슨은 음악 사업을 EMI에 매각했고, 그 돈으로 항공사에 대한 투자를 늘려 더 경쟁력 있고 나은 서비스를 제공했어요. 그러다 영국 항공과 법적 소송을 벌이게 됐는데, 그 소송에서 브랜슨이 이기면서 그의 인기는 더 올라갔어요. 이후 10년 동안 버진 그룹은 콜라, 보드카, 철도, 보험, 통신, 인터넷 등으로 사업 분야를 넓혀갔어요. 그러나 2002년에 이르러 브랜슨은 몇 가지 사업을 매각하고 핵심 사업들에만 전념하고 있어요.

브랜슨의 성공에 도움이 된 두 가지 중요한 요인이 있어요. 첫째, 그는 고객들에 대한 서비스가 좋지 못한 분야에 진출해 같은 서비스를 새로우면서도 더 나은 방식으로 제공했어요. 둘째, 그는 개인적으로 버진 브랜드와 자신을 일체화시켰어요. 고객들 눈에는 평상시 그가 즐겨 입는 옷, 덥수룩한 수염, 격식이나 전통에 얽매이지 않는 행동 등이 모두 버진 그룹의 브랜드 같아 보였지요. 버진 브랜드에는 소유주 브랜슨의 모든 것이 반영되어 있어요.

Richard Branson

출생 1950년.
영국 샘리 그린
업적 다양한 사업 분야에
서 성공적인 브랜드를 만
들어냄

위대한
프로모터

피니스 테일러 바넘

피니스 테일러 바넘은 19세기의 미국 관중들에게 60년간 각종 전시회와 쇼를 보여주었어요. 그의 쇼는 믿지 않을 수 없거나 아니면 도저히 믿을 수 없을 만큼 놀랍고 신기했어요. 오늘날의 서커스 선구자이자 기획자였던 그는 사업을 성공시키는 데 필요한 다소 뻔뻔하면서도 끈질긴 마케팅의 대가이지요.

바넘은 어린 나이에 복권을 팔고 잡화점을 관리하는 등, 세일즈맨으로서의 잠재력을 보였어요. 그는 조이스 헤스라는 아프리카계 흑인 여성을 자신의 쇼에 출연시키면서 그녀가 한때 조지 워싱턴 대통령의 유모였으며 나이가 161세라고 선전을 해댔지요. 물론 뻔한 거짓말이었지만, 조이스 헤스에 대해 호기심을 느낀 많은 뉴욕 시민들이 그녀를 보려고 구름같이 모여 들었어요.

몇 년 후 바넘은 박물관을 사들였어요. 그는 피지 섬에서 잡았다는 '피지 인어'를 전시했는데, 그 인어가 방부제 처리를 해 미라로 만든 인어라고 했어요. 그리고 또 찰스 스트래튼이라는 유명한 난쟁이를 데려와 '엄지손가락 톰 장군'이라고 선전했어요. 뉴욕 브로드웨이에 있는 '바넘의 미국 박물관'은 그야말로 대박을 터뜨려, 19세기 중엽의 미

열정과 혁신으로
승 부 한

국에서 가장 관람객이 많은 박물관이 되었어요. 1850년에는 소프라노 오페라 가수 제니 린드를 데려와 '스웨덴의 나이팅게일'이라고 소개했는데, 그녀 또한 많은 관심을 끄는 데 성공했어요. 60세가 되던 해에 바넘은 이동식 동물원을 이끌고 서커스단을 만들어서 철도를 이용해 미국 전역을 돌아다녔어요. 그 서커스단이 들어가기 위해서 2만 제곱미터나 되는 지역에 만 명이 입장할 수 있는 대규모 관중석이 마련됐

Phineas Taylor Barnum

출생 1810년.
미국 코네티컷 주 베델
업적 대중 오락의 홍보 분야에 혁신을 일으킴
사망 1891년. 미국 코네티컷 주 브리지포트

바넘은 사람들의 호기심을 자극하고 놀라게 하는 데에 남다른 재능이 있었다. 코끼리 점보는 그의 홍보 덕택에 국제적으로 유명해진 최초의 동물이었다.

어요. 1882년에는 런던 동물원에서 점보라는 이름의 코끼리를 사 자신의 쇼를 홍보하려고 했어요. 그 일로 영국은 발칵 뒤집혔어요. 많은 영국 신문과 정치인들이 나서서 항의를 했지만 한편으로 점보 열기가 일어나, 점보 그림이 들어간 모자와 넥타이, 부채, 심지어 담배까지 날개 돋친 듯 팔렸어요. 지금도 '점보'하면 바로 '코끼리'를 떠올릴 정도로 대명사가 되었지요.

바넘의 성공 비결은 홍보에 아낌없이 투자한 것이에요.

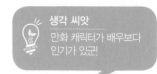

만화 영화
제작자 월트 디즈니

> 월트 디즈니는 세계적으로 유명한 만화 영화 캐릭터 미키 마우스를 창조해
> 냈죠. 영화 제작자로서 디즈니는 무려 47회나 아카데미상 후보에 올랐어요.
> 그가 만든 애니메이션의 성공에 힘입어 테마파크도 처음 생겼지요. 무엇보다
> 그의 활약은 디즈니라는 자신의 이름을 브랜드로 만들어 가족용 오락물의
> 세계를 창조해냈다는 거예요.

디즈니는 18살 때 군인 신분으로 1년간 프랑
스에서 시간을 보낸 뒤 미국으로 돌아와 캔자
스 시의 한 광고 대행사에서 만화를 그리기 시
작했어요. 1923년에 그는 할리우드로 진출해,
형 로이 디즈니와 함께 단편 만화 영화 시리즈
를 제작했어요. 만화 영화 속에 살아 있는 배우들의
동작을 집어넣은 형태였지요. 그렇게 탄생한 만화 영화 시리즈 〈앨리
스 코미디〉는 1927년까지 계속 제작되었어요. 그 무렵 디즈니는 만화
영화 속 캐릭터들이 실제 배우들보다 더 인기가 있다는 것을 깨닫게
되었어요.

디즈니는 영화 제작 기술을 혁신하는 일에 선구자적인 역할을 했
어요. 1928년 만화 영화 〈미키 마우스〉를 제작할 때, 그는 영화 속 영
상과 음향을 일치시키는 새로운 영화 제작 기술을 사용했어요. 1930년

대 초에는 만화 영화를 총천연색으로 제작했고, 1937년에는 '다면 촬영 기술'이라는 것을 처음 개발해 움직이지 않는 배경이나 전경을 재사용해 제작 시간을 줄일 수 있게 되었어요.

1937년 말에는 150만 달러를 투입해 장편 영화 길이의 첫 번째 만화 영화인 〈백설 공주와 일곱 난쟁이〉를 제작했지요. 그 당시 150만 달러는 영화 업계 사상 유례를 찾아볼 수 없을 만큼 막대한 만화 영화 제작비였어요. 그 영화로 큰 성공을 거두자, 디즈니는 뒤이어 〈피노키오〉, 〈판타지아〉, 〈밤비〉를 제작했어요.

디즈니는 만화 영화를 제작하면서 늘 최고의 기법들을 추구했고 제작비가 많이 들어갔어요. 젊은 만화 영화 제작자 수십 명을 훈련시키는 데만 만 달러 이상을 썼지요. 제2차 세계 대전 이후에는 TV 프로그램용으로 〈미키 마우스 클럽〉, 〈조로〉, 〈디즈니의 멋진 세계〉 등의 만화 영화 시리즈를 만들었어요.

1955년 그는 캘리포니아주 애너하임에 오늘날 '테마 파크'의 시초인 디즈니랜드를 만들었어요.

디즈니는 미국은 물론 세계적으로 엄청난 문화적 영향을 줄 정도로 독창적인 감각을 갖고 있었어요. '디즈니'라는 가족 지향적인 브랜드는 오늘날까지도 그 명성이 지속되고 있지요.

Walt Disney

출생 1901년,
미국 일리노이 주 시카고
업적 영화 제작자 겸 기업가
사망 1966년, 미국 캘리포니
아 로스앤젤레스

Risk
리스크

리스크는 우리말로 '위험'이라는 뜻으로, 어떤 일의 결과가 불확실할 때 쓰는 말이에요. 부정적인 영향을 미칠 위협이 될 수도 있고 긍정적인 영향을 줄 좋은 기회일 수도 있지요. 리스크를 잘 활용하면 경쟁 우위에 설 수도 있어요. 리스크는 이익뿐 아니라 심각한 타격을 줄 수도 있기 때문에, 리스크를 분석하는 것은 아주 중요해요.

모든 기업은 불확실한 환경 속에서 운영되기 때문에 리스크에 직면할 수밖에 없어요. 그래서 기업들은 그런 불확실성에 현명히 대처할 수 있는 경영 체제를 갖추어야 해요. 그러니까 발생 가능한 모든 리스크를 파악하여, 그것이 기업에 미칠 영향을 최대한 정확히 분석하고, 실제로 리스크가 일어났을 때 쓸 수 있는 정확한 대처 방법들을 개발해내야 하는 것이죠.

전략적인 리스크는 시장과 관련된 불확실성 때문에 발생해요. 수요가 줄어든다거나, 새로운 제품들을 개발해내지 못한다거나, 새로운 경쟁업체가 시장에 들어오는 것 등이 전략적인 리스크예요. 반면에 재정적인 리스크는 비용이나 매출의 변화와 관련된 것이에요. 시장과 직접 관련이 없는 리스크로 악성 부채나 대출 이자 증가 등이 여기에 속해요. 운영상의 리스크는 제품의 결함, 기계의 고장이나 핵심적인 직원의 퇴사 등으로 생겨나는 위험을 뜻해요. 마지막으로 준법 훼손 리스크는 회사가 법이나 규정을 제대로 준수하지 못했을 때 직면할 수 있는 리스크예요. 보다 일반적인 리스크로는 자연 재해나 외국 시장의 정치적 불안 같은 것을 꼽을 수 있지요.

일단 리스크를 파악한 후에는 발생 가능성, 영향과 중대성 등을 예측하고, 우선순위를 매겨서 가장 시급한 리스크에 모든 자원을 집중하는 거예요. 보다 복잡한 예측이 필요할 때는 대개 보험 회사들이 이용하는 보험 계리라는 리스크 예측 방법을 적용해요.

리스크 관리의 마지막 단계는 적절한 리스크 관리 시스템이나 정책을 개발하는 것이지요. 첫 번째 전략은 단순히 리스크를 인정하는 것이죠. 다시 말해 리스크를 해결하는 데 필요한 비용이 리스크 그 자체로 치러야 할 비용보다 더 많이 들면 그냥 놔두는 거예요. 피할 수 없거나 해결 불가능한 리스크들이 이 '자가 보험'(기업이 본래 보험에 들어야 할 설비 등을 보험에 들지 않고, 기업 내에 보험료에 상당하는 금액을 이익 중에서 적립하는 것) 범주에 들어가요.

두 번째 전략은 리스크를 이전하는 것이에요. 대개 보험 증권을 구입하는 형태로 이루어지죠. 그렇게 되면 계약 조건에 따라 리스크를 보험 회사로 이전시킬 수가 있어요. (예를 들어, 제품 구매 기업이 공급 업체의 생산비 전부를 보전해준다는 데 동의한다든가 하는 것이죠.) 세 번째 전략은 더 비싸지만 고장률이 낮은 기계를 사들이거나 하는 식으로 다양한 투자를 통해 리스크를 줄이는 것이에요. 마지막 전략은 리스크 자체를 무시하는 거예요. 대책을 세우지도 않고 투자도 하지 않는 것이죠. 이 전략의 문제점은 이익을 남길 수도 있는 기회를 그냥 날리는 경우가 많다는 것이에요.

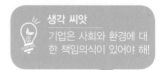
윤리적인 여성 사업가 아니타 로딕

1976년, 아니타 로딕은 남편이 원정 여행을 떠나 있는 동안 두 딸을 데리고 생계를 위해 화장품 가게를 열었어요. 사업이라거나 장사에 대한 지식은 전혀 없었지만 전 세계를 여행 다니며 쌓은 풍부한 경험을 믿은 것이지요. 그녀의 화장품 가게 '더바디샵'은 번창하여 약 2,000개의 점포로 늘어났고, 현재는 전 세계 50개 국가에서 7,000만 명 이상의 고객이 애용하고 있어요.

로딕은 여행 때 쓸 조그만 목욕용품을 사는 게 너무 힘들다는 사실을 알아차렸어요. 그녀가 처음 선보인 15가지 천연 화장품은 재활용이 가능한 조그만 병에 간단한 상표가 붙어 있는 것이었어요. 가게를 열기가 무섭게 성공을 거두자 그녀는 두 번째 가게를 열었어요. 그녀는 새로운 가맹점들로부터 신규 가입비를 받지 않는 대신 자신과 동일한 가게 운영 철학을 공유하겠다는 확약을 받았어요.

더 바디 샵은 이익을 내되 동시에 사회 및 환경에 대해서도 책임을 다한다는 목표를 갖고 있었는데, 그 당시의 다른 화장품 판매 회사들과는 경영 철학이 확연히 달랐어요. 그녀 자신이 늘 홍보했듯이, 사람들은 그녀의 가게에서 비누 한 개를 사면 사회 정의도 함께 사는 것으로 인식했어요.

또한 고객들은 아무런 간섭도 받지 않고 쇼핑할 수 있었지요. 다른 가게들과는 달리 더 바디 샵에는 화려한 모델 사진 대신 모든 제품에는 자세한 설명이 적힌 라벨이 붙어 있었어요. 또한 사회 환경 문제를 다룬 소책자나 기타 인쇄물이 비치되어 있어 관심 있는 고객들이 볼 수 있게 되어 있었어요.

더 바디 샵은 기존 방식의 광고는 거의 하지 않았어요. 그 대신 두 가지 방법으로 간접적인 광고가 이루어졌죠. 첫째, 제품의 품질과 서비스에 만족한 고객들을 통해 입에서 입으로 광고가 됐어요. 둘째, 다양한 캠페인에 참여하면서 언론을 잘 활용해 자연스레 회사 광고가 됐어요. 로딕이 처음 가게를 열었을 때 바디 샵(영어 body에는 '시체'라는 뜻도 있음)이라는 가게 이름 때문에 지역 장의사들 사이에 난리가 났었다는 이야기를 지역 언론에 털어놓았었는데, 그것이 기사화되면서 많은 광고 효과를 보기도 했어요.

더 바디 샵은 동물실험을 하지 않으며, '고래 지키기 캠페인', '브라질 열대우림 지키기 캠페인', '공정 무역 캠페인' 등 많은 캠페인을 후원하고, 환경 보호 단체인 '지구의 벗'이나 인권 보호 단체인 국제 엠네스티도 지원하고 있지요. 더 바디 샵은 다국적 소매 기업으로 성장했는데, 2006년에 세계적인 화장품 회사 로레알에 인수합병 되었어요.

Anita Roddick

출생 1942년,
영국 리틀햄프턴
업적 이익 외에 원칙도 중시하는 다국적 소매 사업을 개발
사망 2007년,
영국 치체스터

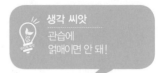

생각 씨앗
관습에
얽매이면 안 돼!

영향력 있는 디자이너 코코 샤넬

코코 샤넬은 직관력이 뛰어나고 카리스마가 넘치는 디자이너였어요. 그녀의 스타일은 활동적이면서 간결한 디자인이 특징이었고, 고급스러우면서 우아하게 보였지요. 제2차 세계 대전 후 그녀는 가장 많은 사람들이 모방하는 디자이너 중 한 사람이 되었고, 그녀의 사업은 핸드백과 유명한 향수 샤넬 넘버 5로 다양하게 확대되었어요.

샤넬은 20세기 초 카페와 콘서트홀에서 노래하는 가수로 사회생활을 시작했고, 그때 '코코'라는 이름을 얻었어요. 1910년에 그녀는 부유한 사업가들의 지원을 받아 파리에 여성 모자 판매점을 차렸어요.

샤넬은 가볍고 신축성 있는 메리야스 직물인 저지를 처음으로 패션 옷감으로 이용한 디자이너예요. 1920년대까지만 해도 저지는 주로 속옷을 만드는 데 쓰였어요. 울 저지로 옷을 만들면 인체의 굴곡이 보완되면서 유연한 몸매가 그대로 살아났어요. 그녀는 종종 남성 패션을 디자인에 이용했고, 승마용 바지나 나팔바지, 비지니스 겸용 레저용 남성복, 스웨터 등에서 영감을 얻어 디자인하는 경우도 많았어요. 그녀가 디자인한 옷 중에 가장 유명한 것은 리틀 블랙 드레스와 일명 '샤넬 슈트'로 카디건 스타일의 재킷과 간단한 스커트,

그리고 블라우스를 조화시킨 패션이었어요. 그녀는 짧은 스커트와 짧은 헤어스타일을 유행시키는 데도 한몫했어요.

샤넬의 가장 유명한 제품은 1922년에 출시된 그녀의 향수예요. '샤넬 넘버 5'라고 불리는데 전 세계적으로 팔린 최초의 향수로, 지금도 30초마다 한 병씩 팔려나갈 정도로 유명하지요.

제2차 세계 대전 중에 자진해서 스위스로 망명했던 샤넬은 1954년에 프랑스로 다시 돌아와 1939년 이후 문을 닫았던 사업을 다시 시작했어요. 그녀는 최신 스타일을 뜻하는 '뉴 룩'의 선구자가 되었고, 또다시 격식에 얽매이지 않은 부드럽고 편한 스타일의 옷을 만드는 데 집중했어요. 샤넬 스타일은 빠른 속도로 인기를 얻기 시작했고, 특히 미국에서 인기를 얻으면서 사업이 급성장했어요.

샤넬은 상류층을 위한 맞춤복 스타일이 아닌, 기성복 형태의 패션 브랜드 제품을 디자인하는 데 집중했어요. 패션의 미래는 소수의 부유층보다는 많은 기성복 고객들을 상대로 한 마케팅에 달려 있다고 본 거예요. 그래서 그녀는 미국의 기성복 제조업체들과 계약을 맺어, 샤넬 제품들을 대량 생산해 처음보다는 비교적 저렴한 가격에 판매했어요. 그 전략은 성공을 거두었고, 몇 십 년 후 캘빈 클라인, 도나 카란, 베르사체 같은 다른 많은 패션 디자이너들이 그녀의 전략을 따라 하기도 했어요.

Coco Chanel

출생 1883년,
프랑스 소뮈르
업적 전 세계적으로 가장
잘 알려진 여성복 디자이너
중 한 사람
사망 1971년, 프랑스 파리

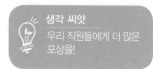

**직접 판매의
달인**

메리 케이 애시

성공한 여성 판매원이었던 메리 케이 애시는 댈러스에 자신의 직접 판매 회
사 메리 케이 화장품(Mary Kay Cosmetics)을 세웠어요. 그녀의 리더십과 혁
신적인 조직 방식 덕에 회사는 급성장했어요. 그 결과 9명의 판매 사원으로
시작했던 그녀의 회사는 지금 전 세계에 100만 명 이상의 직원을 거느린 대
기업이 되었어요.

직접 판매에 자신이 있었던 메리 애시는 1939
년 스탠리 홈 프로덕츠라는 가정용품 판매 회
사에 들어갔어요. 그녀는 그 회사에서 가장 뛰
어난 판매 책임자 중 한 사람이었지만 번번이
급여 인상과 승진에서 누락됐어요. 그녀보다 못
한 남자직원에 밀린 거지요. 다시 들어간 회사에서도
마찬가지였지요. 그녀는 1963년에 회사를 퇴직한 뒤 그간의 판매 경
험을 책으로 쓰기로 했어요. 그런데 책이 완성되어갈 무렵, 그녀는 자
신이 평소 꿈꿔오던 회사에 대한 사업 계획서를 쓰고 있다는 사실을
깨달았어요.

애시는 피부 보호 크림과 그 크림을 판매할 화장품 판매 회사를 설
립했어요. 미용 컨설턴트들이 애시에게서 제품을 사와, 개인 가정에서
파티를 열어 그 제품을 판매하게 하는 방식이었지요. 미용 컨설턴트들

열정과 혁신으로
승   부   한

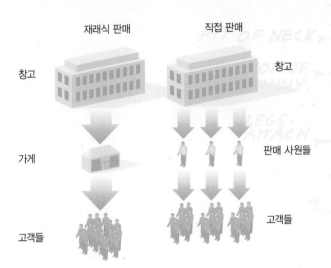

재래식 판매　　　직접 판매

창고　　　　　　　　　　　　　　창고

가게　　　　　　　　　　　　　　판매 사원들

고객들　　　　　　　　　　　　　고객들

재래식 판매 방식에서는 창고에서 나온 제품들은 가게를 거쳐 각 개인들 손에 들어간다. 그러나 직접 판매 방식에서는 판매 사원들이 창고에서 제품을 구입해, 6명씩으로 이루어진 고객 팀에 자신이 직접 그 제품을 팔게 된다. 가게에 들어가는 비용과 유지비를 절약할 수 있어, 그 돈을 아주 잘 훈련되고 판매 의욕이 강하고 노련한 판매 사원들을 육성하는 데 쓸 수 있는 것이다.

은 피부 보호 제품을 소매 가격의 50퍼센트에 구입해 판매한 뒤 얻는 이익으로 수입을 올렸어요. 제품 판매와 관련된 핵심 전략들은 엄격하게 지켜졌어요. 회사는 한정된 종류의 제품들만 제조해 판매 사원들이 제품에 대해 철저한 지식을 갖게 했고 직원들은 모든 제품을 다 갖고 다니면서 상대가 원하면 언제든 즉시 제품을 건네줄 수 있었어요. 충동구매가 이루어지기 쉬웠던 것이죠. 애시는 자신의 사원들에게 실질적인 포상을 해주어야 한다는 믿음을 갖고 있었어요. 그녀가 최우수 판매 사원들에게 핑크색 캐딜락을 주었다는 것은 유명한 일화이지요.

Irving Fisher
출생 1867년, 미국 뉴욕
업적 화폐 수량설을 공식화하고 부채 디플레이션 이론을 개발
사망 1947년, 미국 뉴욕

Branding
브랜드화

{ 어떤 제품이나 서비스가 브랜드화에 성공하게 되면 사람들이 쉽게 알아볼 수 있게 돼요. 그리고 제품이나 서비스 본래의 물질적 가치에 소비자 욕구가 더해지면서 독특한 관련 가치들이 창출돼 브랜드의 가치는 더 커지게 돼요. 브랜드는 그런 가치를 특정 기업과 연결해주고, 그 결과 기업은 장기간 그 브랜드를 독점적으로 활용할 권리를 갖게 되는 것이죠. }

　브랜드화는 기업의 중요한 전략으로, 시장에 자사 제품들을 알리거나 타업체들과의 경쟁에서 제품을 차별화하는 데 사용돼요. 브랜드화에 성공하면 이익을 더 많이 낼 수 있을 뿐 아니라 시장 점유율도 높일 수 있죠. 또한 소비자로 하여금 특정 기업을 떠올리게 하고 기업 지명도도 높여주어 장기적인 경쟁에도 큰 도움이 돼요.

　코닥 필름, 코카콜라, 라코스테, 버버리처럼 브랜드화에 성공해 특정 제품이나 서비스의 독자성 혹은 가치를 확립할 경우, 소비자들이 그 제품이나 서비스의 품질, 신뢰도, 가격 등을 그대로 믿고 받아들인다는 장점이 있어요. 브랜드는 사실 한 회사의 약속이나 다름없지요. 품질, 신뢰도, 가격 등을 늘 변함없이 유지해 잘못된 선택을 할지 모른다는 소비자들의 불안감을 덜어주겠다는 약속 말이죠.

　모든 제품과 서비스에는 나름대로 근본적인 이점이 있어요. 이를테면 시계는 시간을 알려주고, 식당은 배고픔을 해결해주고, 자동차는 원하는 데까지 데려다주죠. 그러나 브랜드화가 되면 기본적인 이점에 더 많은 이

열정과 혁신으로
승　부　한

점들이 추가돼요. 브랜드 시계를 차게 되면 남다르다는 느낌을 갖게 되고, 브랜드 식당에서 식사를 하면 돈을 품위 있게 쓴다는 느낌을 갖게 되고, 브랜드 자동차를 타면 자신의 사회적 지위도 높아지는 느낌이 드는 것이지요. 따라서 특정 제품의 기본적인 이점에 다른 가치를 추가해주는 브랜드가 성공한 브랜드라고 할 수 있어요. 그리고 그 추가 가치를 흔히 '브랜드 자산'이라고 해요.

강력한 브랜드 자산은 기업에 여러 가지 이득을 줄 수 있어요. 첫째, 브랜드 없는 제품에 비해 더 높은 가격을 매길 수 있고 별도의 홍보비를 쓰지 않아도 되기 때문에 순수익을 늘려줄 수 있죠. 게다가 소비자들은 브랜드에 대해 오랜 기간 충성도를 보이기 때문에 보다 안정된 수입을 유지할 수 있어요. 둘째, 강력한 브랜드 자산이 있을 경우, 매장에 그 브랜드가 들어오길 기다리는 소비자들이 많다는 것을 알기 때문에 유통회사나 소매상들과 가격 협상을 벌일 때 유리한 위치에 설 수 있어요. 셋째, 한 제품과 관련된 브랜드 자산은 다른 제품에도 좋은 영향을 끼쳐요. 그래서 기업들은 대개 특정 제품의 브랜드 가치를 보다 다양한 제품들로 확장시키고 싶어 하는데, 그것을 '브랜드 확장'이라고 해요. 넷째, 강력한 브랜드 자산이 있으면 새로운 경쟁 업체들이 시장에 뛰어들 여지가 줄어들어요. 새로 시장에 뛰어드는 기업은 새로운 브랜드 개발에 투자해야 하는 데다가, 기존 브랜드에 높은 충성도를 보이는 고객들을 빼와야 하기 때문에 추가 마케팅 비용까지 부담해야 하거든요.

4장

금융 천재들

FINANCIAL GENIUSES

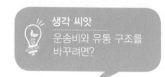
금융 업자 J. P. 모건

> J.P. 모건은 미국에서 가장 중요한 은행가였어요. 그는 많은 자금을 끌어모아 새롭게 확장 중이던 철도 산업에 투자했고, 미국 남북 전쟁 결과로 생긴 막대한 국가 채무 문제를 해결하는 데도 도움을 주었지요. 1907년에 발생한 금융 위기에는 그가 다른 은행가들의 도움을 끌어내 금융 공황을 막을 수 있었답니다.

1871년, 모건은 아버지의 회사인 '드렉셀, 모건 앤 컴퍼니'의 동업자가 되었어요. 그는 유럽에 대한 사업 지식과 인맥을 활용해 유럽 투자자들에게 미국 공채 특히 미국 정부의 국채를 파는 일을 전문적으로 했어요. 얼마 뒤 그의 회사는 미국 남북 전쟁으로 발생한 막대한 미국 국가 채무를 상환하는 데 중요한 역할을 하게 됐어요. 1895년 그는 회사를 재편해 초대형 금융 투자기업인 'J.P. 모건 앤 컴퍼니'를 만들었어요. 모건은 특히 대규모 산업체들의 금융 지원을 담당했어요.

처음에 모건의 주요 관심사는 철도 주식을 유럽 투자자들에게 파는 것이었어요. 그는 철도 주식을 팔 때 자신이 철도에 대해 어느 정도 통제권을 갖는다는 조건을 내걸곤 했지요. 그리고는 자신이 신뢰하는 사람들을 투입하고 참신한 아이디어와 새로운 전략을 도입해 철

열정과 혁신으로
승 부 한

도 산업을 '모건화'할 수 있었지요.

1900년대 초 기업 합병 붐이 일어났을 때 모건은 오늘날까지 남아 있는 일부 거대 기업들이 탄생하는 데 산파 역할을 했어요. 에디슨 제너럴 일렉트릭과 톰슨-휴스턴 일렉트릭이 합병되어 가전제품 제조업체인 제너럴 일렉트릭이 탄생하는 과정에 금융 지원을 했어요. 또 대서양 해운 회사인 인터내셔널 머천트 머린과 농기구 제조업체 인터내셔널 하비스터의 탄생에도 관여했지요.

페더럴 스틸의 설립 당시 금융 지원을 했던 모건은 철강 기업과 카네기 스틸이 합병되어 US 스틸이 탄생하는 데도 깊이 관여했어요. 모건의 핵심 전략은 보다 큰 규모의 경제를 통해 운송비를 줄이고 유통 구조를 개선하는 것이었어요.

1907년 미국이 금융 공황에 빠질 위기에 처했을 때는 그가 나서서 경제를 안정시켰어요. 은행가들 사이에 공동 기금을 마련해 도산 위기에 처한 은행들을 긴급 구제함으로써 대규모 예금 인출 사태를 예방한 거예요.

J.P. Morgan

출생 1837년.
미국 코네티컷 주 하트퍼드
업적 대규모 산업체들을 좌지우지한 은행가 겸 자본가
사망 1913년. 이탈리아 로마

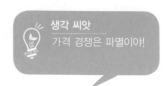

생각 씨앗
가격 경쟁은 파멸이야!

석유 왕 존 D. 록펠러

{ 존 D. 록펠러는 20세기 초에 미국 석유 산업을 지배했어요. 그는 사업 초창기의 경험을 통해 석유 기업이 성공하려면 정유회사가 규모가 커야 한다는 사실을 깨달았어요. 록펠러는 클리블랜드 지역의 거의 모든 경쟁 업체를 인수하는 전략을 펴기 시작했어요. 스탠더드 오일은 날로 번성했고, 1882년에는 스탠더드 오일 트러스트로 통합됐어요. }

록펠러는 오하이오 주 클리블랜드에서 성장했고, 1855년 한 조그만 운수 회사에 회계원으로 취업했어요. 아직 십대였음에도 불구하고 그는 곧 자신의 사업을 시작해도 좋을 만큼 사업에 대해 많은 걸 배웠지요. 1863년 그는 정유 업계에 뛰어들었고, 1865년에는 석유 산업에 대해 좀 알던 새로운 동업자 새뮤얼 앤드루스와 함께 록펠러 앤 앤드루스라는 회사를 차렸는데, 그때 그의 나이 겨우 스물네 살이었어요.

록펠러는 정유 업계의 상황이 열악하다는 사실을 알게 됐어요. 석유 시추 및 정제에 들어가는 초기 비용이 높지 않아, 많은 영세한 기업들이 경쟁을 벌이고 있었어요. 그 기업들은 살아남기 위해 가격을 낮출 수밖에 없었고, 그 바람에 보다 규모가 크고 잘 돌아가는 기업들까지 덩달아 가격을 낮춰야 했어요. 해결책은 경쟁을 없애는 것이었죠.

열정과 혁신으로
승 부 한

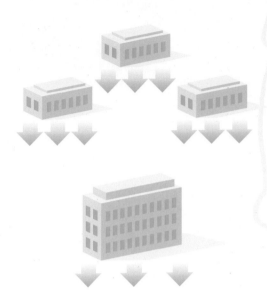

각기 하루에 10만 배럴의 석유를 생산하는 정유 공장 세 곳의 운영비를 합친 금액은 하루에 30만 배럴의 석유를 생산하는 정유 공장 한 곳의 총 운영비보다 훨씬 더 많다. 정유 공장의 수를 줄이고 각 정유 공장을 최대한 효율적으로 운영함으로써, 록펠러는 생산비를 크게 낮춰 시장을 지배할 수 있었다.

1871년 록펠러는 클리블랜드 지역의 거의 모든 경쟁 업체를 인수하는 전략을 펴기 시작했어요. 시간이 지나 소문이 나면 인수 가격이 너무 높아지게 되기 때문에, 먼저 제일 강한 경쟁 업체를 인수 대상으로 삼는 것이 그의 전략이었지요. 또 경쟁 업체 소유주들에게 스탠더드 오일의 주식이나 현금을 제공했어요.

1872년에 이르러 록펠러는 클리블랜드의 26개 정유회사 가운데 22개를 지배하게 됐어요.

스탠더드 오일은 날로 번성했고, 1882년에는 스탠더드 오일 트러스트로 통합됐어요. 그러면서 생산 및 유통 효율성을 개선해 석유 관련 제품들의 소매 가격을 무려 80퍼센트나 떨어뜨렸어요.

John D. Rockefeller

출생 1839년.
미국 뉴욕 주 리치먼드
업적 스탠더드 오일
(Standard Oil)을 설립했고
많은 기업 합병에 관여
사망 1937년. 미국 플로리다
주 오먼드 비치

철도
해적

스티브 제이 굴드

제이 굴드는 금융 및 산업 용품 시장에서 윤리적인 면을 무시한 무자비한 경영을 해 악덕 자본가의 효시처럼 여겨지는 인물이에요. 자신의 야망을 채우기 위해서라면 그 어떤 일이든 마다하지 않았죠. 그는 자신의 이익을 위해 소위 '물 탄 주식'을 발행했고, 노동자들의 정당한 파업을 불법적으로 파괴했는데, 이것은 그가 즐겨 쓴 전략의 일부일 뿐이에요.

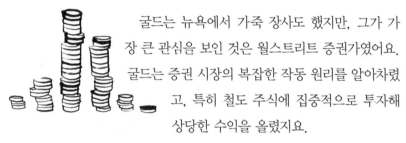

굴드는 뉴욕에서 가죽 장사도 했지만, 그가 가장 큰 관심을 보인 것은 월스트리트 증권가였어요. 굴드는 증권 시장의 복잡한 작동 원리를 알아차렸고, 특히 철도 주식에 집중적으로 투자해 상당한 수익을 올렸지요.

1867년, 굴드는 당시 재정적으로 어려움을 겪고 있던 이리 철도 회사 이사회의 이사로 초빙됐지만 회사의 자본 부채만 늘려놓은 뒤 즉시 그 회사 주식을 되팔았어요.

굴드는 달러 약세를 야기할 정도로 금 시세를 조작한 적도 있어요. 1869년, 그는 미국 재무부가 금 시세를 안정시키기 위해 보유중인 금 재고를 팔지는 않으리라 예측하고 자유 시장에서 금을 사들이기 시작했어요. 그러나 금값이 160달러까지 치솟자 재무부는 금 값안정을 위해 금을 팔았지요. 그 바람에 금값이 135달러로 떨어지면서

열정과 혁신으로
승 부 한

금에 투자한 많은 사람들이 상당한 손해를 보게 됐어요. 결국 굴드도 금 투자에서 별 수익을 올리지 못했고, 곧 소송에 휘말리면서 명예만 잃게 됐어요.

Jay Gould

출생 1836년.
미국 뉴욕 주 럭스버리
업적 주로 철도 분야에서
활동한 자본가 겸 투기자
사망 1892년. 미국 뉴욕

굴드는 관심을 돌려 미국 서부 지역의 철도 회사들을 매입하기 시작했고, 더불어 수익성이 좋은 맨해튼 엘리베이티드 레일로드와 웨스턴 유니온 텔레그래프도 매입했어요. 그의 전략은 불경기 때 싼 값에 기업을 사들였다가 경기가 회복된 뒤 그 중 일부를 되파는 것이었어요. 그런 식으로 그는 상당한 양도 차익을 취했고 그의 재산은 계속 불어났어요. 1880년에 이르러 굴드가 보유한 철도는 미국 전체 철로 길이의 15퍼센트에 달했어요. 투자가로서의 부정적인 이미지에도 불구하고, 그는 통합된 전국 철도 및 통신망 서비스를 제공했고, 웨스턴 유니온 텔레그래프를 미국 전신 업계 굴지의 기업으로 발전시키는 등 괄목할 만한 업적을 쌓기도 했어요.

※ 물 탄 주식 : 인위적으로 가치를 부풀린 주식. 물 탄 주식이란 용어는 가축의 몸무게를 늘려 더 비싼 가격에 팔려고 경매 직전 가축 몸에 물을 주입한 데서 유래한 것이에요. 주식 시장에서는 어떤 회사의 주식이 그 회사의 실제 가치보다 높게 판매될 때 그 주식을 물 탄 주식이라고 해요.

Company Stock
회사 주식

{ 주식이란 어떤 기업이 자사 소유권의 지분을 넘겨주는 대가로 주식 시장에
서 모아들이는 자본을 뜻하는 용어예요. 기업의 주식을 보유한다는 것은 그
기업의 소유권은 물론이고 자신의 지분에 해당하는 만큼의 이익도 갖는다
는 뜻이며, 주식을 처분할 경우에는 그 기업의 자산에 대한 권리도 갖는다
는 뜻이에요. }

주식 시장에 상장된 기업은 규정상 인정된 수만큼의 주식을 발행할
수 있어요. 그리고 그 주식은 시장에서의 수요와 공급 법칙에 따라 결정
되는 금액으로 증권 거래소에서 거래하거나 개인적으로 사고 팔 수 있
지요. 그래서 특성 주식에 대한 수요가 많으면, 다시 말해 그 주식이 인
기가 있어 팔려는 사람보다 사려는 사람이 더 많으면, 살 수 있는 주식
이 제한되어 주식 가격도 올라가게 돼요. 반대로 특정 주식에 대한 수요
가 적으면, 그 주식의 가격도 떨어져 가격이 높을 때 사지 않던 투자자
들도 그 주식을 사게 돼요. 주식을 사거나 파는 것은 증권 거래소를 통
해 할 수 있어요.

주식 보유자들, 즉 주주들은 자신의 주식 보유량만큼 기업의 이익과
자산 분배에 참여할 수 있는 권리를 갖고 있는데, 주식을 얼마나 집중적
으로 보유하고 있는가에 따라 결정돼요. 예를 들어 주식이 어느 개인이
나 기업에 편중되어 있지 않고 투자자들 사이에 골고루 나뉘어 있다면,
주주들이 연례 주주 총회 때 이사회에 큰 영향력을 행사하긴 힘들어요.

대부분의 경우 이사회는 연례 주주 총회에 참석하지 않는 주주들로부터 대리 투표권을 부여받기 때문에, 회사 정책에 대한 외부의 간섭이 있다 해도 투표에서 이겨 자신들의 뜻을 관철할 수 있어요.

주주들은 기업의 이익과 배당금을 나눠 가질 권리를 갖고 있지만, 그 권리가 안전하지는 않아요. 기업이 파산할 경우 가장 나중에 배상을 받기 때문이에요. 파산한 기업의 자산은 먼저 다른 채권자들이 나눠 갖게 되어, 대개 주식 보유자들에게 돌아갈 자산은 아무것도 남지 않거든요. 그래서 기업이 도산할 가능성이 높을 경우, 그 기업 주식을 보유한 사람들은 주식을 팔아 손해를 줄이려고 애쓰지요.

주식 보유자들이 부담해야 하는 위험은 몇 가지 더 있어요. 우선 주식의 가치는 다른 형태의 투자 가치보다 더 변동이 심해요. 주식 가격은 하루가 다르게 오르락내리락하거든요. 은행, 보험 회사, 퇴직 기금, 헤지 펀드(국제 증권 및 외환 시장에 투자해 단기 이익을 노리는 민간 투자 자금) 같은 이른바 '기관 투자자들'이 수시로 주식을 대량으로 사고파는 데다가, 외부적으로도 경제 및 정치 상황이 시시각각 변하기 때문이에요. 그래서 주식 시장은 늘 낙관과 비관이 교차하게 되는데, 시장이 어떤 상황으로 갈지 이성적으로 판단할 수 없는 경우가 대부분이지요. 그래서 보통주(우선주나 후배주 같이 특별한 권리 내용이 정해지지 않은 일반 주식)에 투자하는 많은 사람들이 주식을 여러 곳으로 분산시켜 '도박사의 파산' 위험을 줄이고 다양한 산업의 주식을 확보해 손실을 최소화하려 해요. 그 외에도 투자자들은 주식 외에 각종 채권이나 국채 같은 다른 증권을 사들여 투자를 분산하기도 해요.

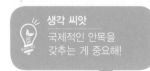

**국제적인
은행가** 로스차일드 가문

> 메이어 암실 로스차일드는 자신이 운영하던 프랑크푸르트 금융 회사에 영
> 향력 있고 부유한 고객을 많이 끌어들여 금고 보관 업무와 대출을 통해 사
> 업을 키웠고, 다섯 아들에게 금융 업무에 필요한 지식을 가르쳤어요. 그리
> 고 아들들을 유럽의 주요 금융 중심지로 내보내, 국제적인 안목을 갖추게 하
> 고 사업가로 키웠어요.

메이어 암셀 로스차일드는 5명의 아들을 두었는
데 국제적인 금융가로 키우기 위해 장남 나단은 런
던으로 보내고 둘째 제임스는 파리로 보냈어요. 나
머지 두 아들은 빈과 나폴리로, 막내 아들
은 프랑크푸르트에 데리고 있었지요. 런던
과 파리의 사업이 가장 번창했는데, 그것은 그 두 금융 회사 사이에
우호적인 경쟁 관계가 유지되었기 때문이에요.

금융 및 비즈니스 세계에서 보다 큰 성공을 거둔 이는 런던에 있던
나단이에요. 그는 1815년에 있었던 워털루 전투에서 나폴레옹이 패배
하리라는 것을 정확히 예측했고, 그에 맞춰 투자를 함으로써 가문의
재산을 크게 늘렸지요. 그는 프랑스가 승리할 거라는 소문을 퍼뜨려
런던 주식 시장의 주가를 끌어내린 뒤 주식을 헐값으로 사들였어요.
그리고 나중에 영국군의 승리 소식이 런던 시민에게 전해져 주가가 올

랐을 때 주식을 처분해 큰 이익을 남겼지요. 나
단과 그의 형제는 현대적인 유럽 금융업의 태
동을 이끌었고 특히 국제 채권 시장의 발달에
큰 기여를 했어요. 국채는 국가 채무에 투자하
는 투자자들에게 고정된 금리를 보장해주었어
요. 또한 각국 정부는 국채를 통해 전쟁이나 기
타 공공사업에 필요한 대규모 자금을 끌어들일

The Rothschild
Dynasty

출생 1773년. 독일 프랑크푸
르트-암-마인
업적 국제적인 금융 시스템
을 개발해 세계의 여러 정부
와 산업에 기여
사망 1812년. 독일 프랑크푸
르트-암-마인

수 있게 되었고, 각국 정부는 앞다투어 국채를 발행했어요. 채권은 또
사고파는 거래가 가능했기 때문에 투자자들은 채권의 미래 가치를 보
고 투자를 할 수 있었어요. 채권 시장의 규모가 커지자, 채권을 대규
모로 사들인 로스차일드 가문은 그야말로 막대한 돈을 긁어모았고,
그렇게 모은 돈으로 전 세계의 광산과 철도, 철강 회사에 대규모 투자
를 했어요. 특히 나단의 은행은 금 수요가 폭증했을 때 영국의 중앙은
행인 잉글랜드 은행에 자금 지원을 해줄 정도로 영향력이 있었지요.

　로스차일드 가문은 현재 기업 구조 조정 관련 자문 회사로는 유
럽에서 네 번째, 그리고 세계에서 아홉 번째로 큰 규모를 자랑하고 있
어요.

　로스차일드 가문이 지난 2세기 동안 긴밀한 유대감을 지닌 가족
기업을 유지하면서 명목상으로는 각각 독립된 기업이지만 실질적으로
는 한 기업이나 다름없는 가족 그룹으로 성공했지요.

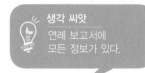

생각 씨앗
연례 보고서에
모든 정보가 있다.

주식
투자자 워런 버핏

> 버크셔 해서웨이는 워런 버핏이 1965년에 사들인 지주 회사(다른 회사의 주
> 식을 소유해 사업을 지배하는 것을 주된 사업으로 하는 회사)예요. 그는 코
> 카콜라, 질레트, 아메리칸 익스프레스 등 많은 기업의 주식을 사들였는데, 버
> 핏의 투자는 경이로운 성공을 거두었고, 그 덕에 그는 세계에서 가장 돈 많
> 은 사람 가운데 한 명이 되었어요.

워런 버핏은 자신이 투자에 성공한 비결 중 하
나는 수천 건의 기업 연례 보고서를 탐독했기 때문
이라는 얘기를 했어요.

버핏은 한동안 뉴욕에서 벤자민 그레
이엄 밑에서 일을 하다, 1956년에 독립해
버핏 파트너십이라는 투자 회사를 설립했어요. 13년 후, 초기 자본금
10만 달러로 시작했던 그 회사는 1억 달러가 넘는 거대 기업으로 성장
했지요. 1965년 그는 미국 오하이오 주 뉴잉글랜드에 있는 직물 회사
버크셔 해서웨이를 사들였고, 1969년에는 새로 매입한 버크셔 해서웨
이에 집중하기 위해 버핏 파트너십의 문을 닫았어요. 버크셔 해서웨이
는 그 이후에도 계속 지주 회사로 남았고, 버핏에게 많은 돈을 벌어준
기업 인수는 전부 그 회사를 통해서 이루어졌어요.

버핏의 투자 대상은 주로 보험 회사였어요. 보험 회사는 보험 가입

열정과 혁신으로
승 부 한

자들로부터 꾸준히 보험료가 들어오지만 여러 해 동안 혹은 아예 지불하지 않아도 되기 때문에 현금이 풍부한 것이 특징이죠. 버핏의 전략은 그 현금을 이용해 향후 투자에 중심적인 역할을 해줄 기업들의 주식을 사들이는 것이었어요. 그가 주식을 사들인 기업들은 코카콜라처럼 강력한 브랜드 이미지를 갖고 있는 경쟁력 있는 기업들이었어요. 차별화된 제품들이 자리 잡고 있는 시장은 다른 시장에 비해 진입

차별화된 제품이 자리잡고 있는 시장은 한두 가지 중요한 브랜드가 지배하는 경우가 많다. 그리고 그런 브랜드를 몰아내는 일은 쉽지 않기 때문에, 이런 시장에 새로운 브랜드가 진입하는 일은 아주 어렵다. 버핏은 시장을 지배하는 그런 브랜드들의 주식을 사들임으로써, 자신의 새로운 투자가 처음부터 기존 시장에서 큰 성공을 거둘 수 있게 했다.

Warren Buffett
출생 1930년. 미국 네브래스카 주 오마하
업적 세계에서 가장 큰 성공을 거둔 가장 위대한 주식 투자자

장벽이 높기 때문에, 그런 제품을 가진 기업들은 향후 경쟁에 휘말릴 위험이 비교적 적었지요. 게다가 그런 기업들은 현금화하기도 쉬워 버핏이 투자를 늘려나가는 데도 도움이 되었어요.

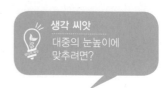

생각 씨앗
대중의 눈높이에
맞추려면?

언론
재벌 루퍼트 머독

> 호주에서 조그만 지역 신문 하나로 시작한 머독은 자신의 회사 뉴스 코퍼레이션을 세계 최대 규모의 미디어 그룹 중 하나로 만들었으며, 신문과 잡지는 물론 텔레비전과 영화 그리고 인터넷에서까지 그 존재감을 과시하고 있어요. 게다가 머독은 자신의 힘을 업계뿐 아니라 정계에서도 아주 잘 활용하고 있지요.

머독은 영국 옥스퍼드대학을 졸업한 뒤 영국 런던에서 발행되는 일간지 〈데일리 익스프레스〉에서 잠시 일을 했고, 그 뒤 호주로 돌아와 자기 아버지의 신문사 〈애들레이드 뉴스〉를 운영했어요. 몇 년 지나지 않아 일간지 〈시드니 데일리 미러〉를 인수했는데, 그 신문은 곧 호주에서 가장 잘 팔리는 신문이 되었어요. 판매 부수가 늘어난 것은 선정적인 스캔들 위주의 기사 때문이었지요.

1969년 머독은 관심을 영국 쪽으로 돌려, 일요 신문인 〈뉴스 오브 더 월드〉와 타블로이드판 대중지인 〈더 선〉도 사들였어요. 머독에게 인수된 뒤 체제 개편을 거친 〈더 선〉은 곧 섹스와 범죄와 스캔들이 넘쳐나는 선정적인 신문으로 유명해졌어요.

머독은 1986년 새로운 인쇄 기술인 전산 조판 도입을 둘러싸고 인

열정과 혁신으로
승 부 한

쇄 연합과 대립했어요. 전산 조판은 기자들이 기존의 활자 조판실을 거치지 않고도 곧장 원고를 조판할 수 있는 새로운 기술이었지요. 기존 방식을 고집했던 인쇄연합은 결국 손을 들었고, 비용 절감 효과가 있는 전산 조판은 이후 영국 신문 업계의 일반적인 조판 방식이 되었어요.

1970년대 초 머독은 미국 미디어 시장으로 진출해 이번에는 일간지 〈내셔널 스타〉를 사들여 미국판 〈더 선〉으로 탈바꿈하는 데 성공해요. 그리고 연이어 타블로이드판 일간지 〈뉴욕 포스트〉와 〈보스턴 헤럴드〉, 〈시카고 선-타임스〉도 사들였죠.

머독은 자신의 신문을 대중들의 입맛에 맞췄고 적극적인 방식으로 판로를 뚫었어요. 그는 또 비용을 줄이는 데 철저한 노력을 기울였고 새로운 아이디어와 기술을 받아들이는 데 주저함이 없었어요. 그러나 그는 자신의 미디어 매체를 통해 정치색 짙은 메시지를 전달하고 있다는 비판을 받아왔는데, 실제로 머독이 소유한 미디어 매체들은 토니 블레어 전 영국 총리와 조지 부시 전 미국 대통령을 대놓고 지지해 논란을 불러일으킨 바 있어요.

1980년대에 머독은 미디어 관련 분야로 눈을 돌렸어요. 그는 영국에서 위성 방송 새털라이트 TV를 사들였고, 자신의 유럽 위성 방송 스카이 채널에 영화와 스포츠 방송 소재를 제공하기 위해 영화사 〈20세기 폭스〉는 물론 영국 프리미어 리그 축구의 TV 경기 방송권도 사들였어요. 그는 또 미국 텔레비전 시장에 진출하기 위해 미국 시민권을 획득하기까지 했어요.

Rupert Murdoch

출생 1931년, 호주 멜버른
업적 독특한 국제적 위상을 자랑하며 다양한 미디어 매체를 소유

Mergers and Acquistions
합병과 인수

{ 합병은 두 기업의 경영진 간에 서로 합의가 이루어질 때 일어나요. 그러나
인수 또는 매입은 한 기업의 경영진이 다른 기업의 주주들에게 현재의 주
식 시세보다 더 높은 가격을 제시해 직접 그 주식을 사들여야 가능하지요.
그런데 실제 합병과 인수는 구분이 명확히 안 되는 경우도 있어요. }

　　성공한 많은 중소기업들은 적절한 때가 되면 사업을 확대해 규모 경
제의 이점을 누리고 싶어 해요. 사업 규모를 키우면 대개 새로 누릴 수
있는 이점이 많아지거든요. 이 전략의 핵심은 두 개 이상의 기업을 하나
로 만들어 각 기업의 시장 가치를 합친 것보다 더 큰 시장 가치를 만들
어내는 것이에요.

　　수평적 합병은 같은 업종에 있는 기업들이 하나로 합치는 것이에요.
수평적 합병을 하게 되면 기업은 시장 점유율을 높일 수도 있고 위협이
되는 경쟁 업체를 제거할 수 있어요. 어떤 결과가 나오든 합병을 하면 경
쟁 업체들의 반응을 걱정할 필요 없이 제품 가격을 올리는 게 더 쉬워지
죠. 합병된 기업들이 소유한 특정 자산들도 통합되는데, 이런 이점을 시
너지 효과라고 해요. 그 한 가지 예가 두 기업이 공동으로 관리하던 것
을 하나로 통합하는 경우예요. 또 하나는 상호 보완적인 기술을 공유하
는 것이에요. 이를테면 한 기업은 제조 기술이 뛰어나고 다른 기업은 유
통에 더 뛰어날 수 있잖아요. 아니면 특허를 갖고 있는 기업이 다른 기업

의 자원을 활용한다면 특허를 더 빨리 그리고 제대로 활용할 수 있는 경우도 있겠지요.

수직적 합병은 서로 다른 분야에 있는 두 기업이 하나로 합치는 것이에요. 예를 들어 철강 제조 기업이 탄광을 합병하는 것이지요. 수직적 합병을 하면 서로 연관된 연속적인 생산 단계를 하나로 묶어 기술적인 이점을 취할 수 있고, 원자재 공급이나 완제품의 유통과 관련된 위험이나 불확실성을 줄일 수 있으며, 정부의 세금 부과나 가격 통제를 피할 수 있고, 마지막으로 시장 지배력을 강화할 수 있어요.

수직적 합병은 시장이 제대로 작동되지 않아 제조비용이 많이 들어갈 때 해요. 그런 경우 기업은 공급 업체를 사들이는 방식으로 내부 조직을 강화하여 외부적인 시장 변화에 대처하는 것이죠. 이 경우 기업은 각종 인센티브와 통제 그리고 자체 조직의 장점 활용이라는 세 가지 방식으로 내부 조직을 강화하고 거기서 이득을 얻게 돼요. 직원들에게 인센티브를 주면 굳이 다른 분야에 있는 다른 제조업체들과 많은 비용과 시간을 들여가며 싸울 필요가 없다는 장점이 있어요. 통제는 다른 기업과의 활동이 아니라 기업 내의 활동에 힘을 쏟아 이점을 얻을 수 있어요. 자체 조직의 장점을 활용하면 의사소통의 효율성을 높일 수 있으니까 조직 내의 직원들과 교육과 경험, 직업 규약(업무상 지켜야 하는 규약)을 공유해 의사소통 방식이 개선되는 거예요.

독보적인
인물들

MAVERICKS ,

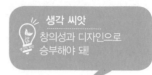
생각 씨앗
창의성과 디자인으로
승부해야 돼!

전자업계의 큰 인물   이건희

삼성 그룹의 최고 경영자 이건희는 1990년대 초에 회사의 방향을 근본적으로 바꾸어 놓았어요. 그는 회사가 질보다는 양에 집착하고 있다는 사실을 알게 됐고, 그래서 '모든 것을 바꾸기로' 마음먹었어요. 그리고 더 나은 디자인과 품질에 집중함으로써, 삼성전자를 전 세계 굴지의 기업으로 성장시켰지요.

삼성그룹은 1977년부터 1987년까지 창업자 이병철이 운영하던 시절에 매출액이 10억 달러에서 240억 달러로 뛰어 올랐는데, 그것은 삼성전자의 발전에 힘입은 바가 컸어요. 1987년 아버지가 세상을 떠나자, 이건희는 삼성 그룹을 재편해 교육과 동기 부여 그리고 품질 문제에 더 많은 주안점을 두기 시작했어요. 특히 그는 그룹 내에서 성장세가 커가고 있던 전자 부문에 집중 투자했어요. 그의 포부는 반도체 분야의 세계적인 기업을 세우는 것이었어요.

이건희는 미국 및 일본 기업들과 동업자 관계를 맺었고, 1989년에는 해리스 마이크로웨이브 반도체를 인수했어요. 그 결과 1987년부터 1992년 사이에 매출이 두 배나 뛰었지요. 이에 힘입어 그는 전자 기술 분야에 투자를 늘렸어요. 또한 실적이 저조한 여러 사업을 처분하고 삼성 그룹을 전자와 엔지니어링, 화학 처리 분야로 재편했어요.

열정과 혁신으로
승   부   한

1995년, 이건희는 친구들에게 보낸 삼성 휴대폰에 결함이 있다는 것을 알았어요. 그러자 그는 삼성 전자 구미 공장으로 달려가서, 2,000명의 임직원들 머리에 '품질 제일'이란 글씨가 적힌 머리띠를 두른 채 공장 밖에 모이게 했어요. 그러고는 모두가 지켜보는 가운데 공장에 쌓여 있던 500억 원 어치의 휴대폰 15만 대를 직원들을 시켜 부수게 하고, 불태워버렸어요. 삼성 휴대폰은 세계 최고의 기술을 자랑하며, 삼성 전자는 세계 1위의 휴대폰 제조업체를 목표로 하고 있었기 때문이었지요.

또한 삼성전자는 메모리 칩과 액정 화면(LCD), 그리고 컴퓨터 모니터 생산 부문에서 세계 시장을 석권하고 있어요. 삼성은 한때 경쟁 업체였던 〈소니〉까지도 제쳤어요. 삼성의 총 자산 규모는 2,000억 달러에 육박하고 전 세계 60개가 넘는 나라에서 25만 명을 고용하고 있어요. 이건희는 한 기업이 가질 수 있는 최고의 자산은 창의성과 디자인 역량이라고 믿고 있어요. 창의성과 디자인 역량은 오늘날 기업의 성공을 결정짓는 중요한 능력이죠.

※ 품질 관리 : 날이 갈수록 제품들이 다양해지고 정교해지는 데다가 경쟁도 치열해지고 있어, 품질의 안전성과 신뢰도는 모든 제조업체의 최우선 순위가 됐죠. 그리고 제품 결함 비율을 최소한도로 유지하려면 무작위 시제품 검사와 통계 분석 등을 이용한 다양한 품질 관리 테스트가 필수적이에요.

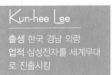

Kun-hee Lee
출생 한국 경남 의령
업적 삼성전자를 세계무대로 진출시킴

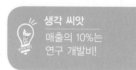

생각 씨앗
매출의 10%는
연구 개발비!

글로벌 기업의
아버지

모리타 아키오

모리타 아키오는 1957년 아부 카 마사루(井深大)와 함께 동경 통신 공업 주
식회사를 설립하여, 소형 트랜지스터라디오를 생산했어요. 회사명을 소니로
바꾸고, 이후 40년간 성장을 거듭하면서 새롭고도 혁신적인 제품을 많이 만
들어냈지요. 모리타 아키오가 1994년에 은퇴를 할 무렵 소니는 세계 최대의
가전제품 제조업체 중 하나가 되어 있었어요.

모리타 아키오는 사케(쌀을 누룩으로 발효시킨 후
여과해 걸러낸 술로, 일본을 대표하는 술) 양조장을 하
는 집안에서 성장했어요. 대학에서 물리학을 전공한
그는 1946년 녹음기를 제조하는 회사를 설립했어요.
그의 회사는 1955년 미국 제너럴 일렉트릭으로부터 트
랜지스터 제조 허가를 받았고, 그 후 세계 최초로 포켓용 트랜지스터
라디오를 생산하는 데 성공했어요.

당시 〈펜탁스〉나 〈산요〉처럼 미국 기업들에 납품하던 다른 일본 기
업들과는 달리, 모리타 아키오는 자기 상표로 직접 제품을 생산했어
요. Sony라는 이름은 '소리'를 뜻하는 라틴어 Sonus에서 아이디어를 얻
어 서양 시장을 타겟으로 만든 것인데 잘 맞아떨어졌지요.

모리타 아키오의 뛰어난 마케팅 능력과 아부카 마사루의 리더십은
이상적인 조화를 이루었고, 그 결과 소니는 성공 가능성이 있는 신제

88   열정과 혁신으로
                                          승 부 한

품과 새로운 시장을 찾아내는 야심찬 전략에 착수할 수 있었어요. 그들은 정부의 지원 없이 독자적으로 연구 및 개발에 투자했어요. 매출의 10퍼센트를 연구 개발비로 재투자 한 것이지요. 그 결과 나온 혁신적인 제품들이 워크맨(소니가 개발한 휴대용 카세트 플레이어), 트리니트론 텔레비전(브라운관 TV 대신 30년간 세계 TV 시장을 석권했던 TV), 컴팩트 디스크(CD) 등이에요.

1976년에 모리타 아키오는 소니의 회장이 되었어요. 소프트웨어산업을 보강하기 위해 1987년에는 CBS 레코드를 사들였고, 2년 후에는 콜롬비아 픽처스를 인수했어요.

모리타 아키오는 몇 가지 큰 실패도 맛보았어요. 일본 빅터 사가 개발한 VTR(음성과 영상을 동시에 기록하는 기계) 방식인 VHS 방식에 맞서 소니사에서 개발한 베타맥스 방식을 밀었는데, 나중에 VHS가 업계 표준 방식이 되면서 큰 타격을 입게 된 거예요. 콜롬비아 픽처스 인수 역시 큰 실패로 끝났어요.

1994년 모리타 아키오가 세상을 떠난 뒤 소니는 가전제품 업계의 왕좌를 한국의 삼성전자에 넘겨줘야 했어요. 그럼에도 불구하고 소니의 성공은 이 모든 실패를 뛰어넘을 만한 것이었지요. 그리고 모리타 아키오는 세계적인 기업을 일구어낸 기업가로 여전히 사람들의 기억 속에 남아 있어요.

盛田昭夫
출생 1921년, 일본 나고야
업적 최초의 글로벌 기업 중 하나인 〈소니〉의 설립자
사망 1999년, 일본 도쿄

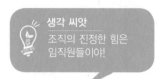
생각 씨앗
조직의 진정한 힘은
임직원들이야!

**최고
경영자** 잭 웰치

> 잭 웰치는 1960년에 제너럴 일렉트릭(GE)에 입사해 이후 41년간을 그 회사
> 와 동고동락했어요. 그가 입사했을 당시 제너럴 일렉트릭은 실적도 저조하고
> 경직된 관료주의와 비효율성으로 인해 시장 상황에 제때에 대처하지 못하는
> 조직으로 여겨졌어요. 그러나 잭 웰치가 최고 경영자 자리에 있었던 21년 동
> 안 그 회사는 비약적인 발전을 이루었어요.

　화학 공학 박사 학위를 갖고 있던 웰치는 제너
럴 일렉트릭에 수습 엔지니어로 입사했어요. 1979
년에는 수서 부사장이 되었고, 다시 2년 반에 제너
럴 일렉트릭 역사상 최연소 최고 경영자로 임명되었어
요. 경영자로 있는 동안 그는 여러 혁신을 단행했어요.
　그의 첫 번째 목표는 조직을 간소화하는 것이었어요. 웰치는 실적
이 가장 안 좋은 관리자 10퍼센트는 해고하고 실적이 가장 좋은 관리
자 20퍼센트에게는 보너스와 스톡 옵션(자사주 매입 선택권)을 주어 포
상했어요. 그렇게 해서 1980년에 41만 1,000명이던 직원이 5년 후에는
29만 9,000명만 남게 됐어요.
　웰치는 회사를 격식에 얽매이지 않는 배움의 장으로 변화시켰고,
관리자들에게 각자의 부서를 독립된 '식료품점'처럼 여기게 했으며, 좋
은 시장 기회를 찾아내 유연하면서도 신속하게 대응하는 능력을 심어

열정과 혁신으로
승　부　한

전통적으로 품질 관리는 작업 현장에서만 이루어지지만, '식스 시그마' 시스템 하에서는 조직 내의 모든 팀에서 품질 관리가 이루어져 1년 365일 전사적인 품질 관리가 가능했다. 그리고 모든 팀과 그들이 받는 교육에는 무술 원칙들이 적용되어, 직원들 가운데 품질 관리 교육을 충분히 받은 익힌 직원들, 즉 '검은 띠'들이 교육 지도자가 되었다.

주었어요. 그리고 그 전략을 보강하기 위해 '반대 그룹'이라는 것을 만들었어요. 이 그룹들에게는 기존 부서들이나 회사의 방침에 역행하는 과감한 변화들을 제안할 임무가 주어졌고, 그 결과 사내에 활발한 토론 문화가 생겨나게 됐어요. 1990년대에 웰치는 '식스 시그마'라는 품질 관리 시스템을 도입했어요. 제품 생산 과정에서 완벽에 가까운 효율성을 추구하기 위한 전략이었죠. 그리고 제품 결함을 없애기 위해 '검은 띠'라고 불리는 숙련된 전문가들에게 일을 맡겼어요.

웰치의 성공이 그의 뛰어난 리더십과 의사소통 기술 덕이라는 것은 의문의 여지가 없어요. 그는 정기적으로 회사 고위 간부들과 미팅을 가졌고 12개의 사업 부서를 틈나는 대로 그리고 가끔은 연락도 없이 불쑥 방문하곤 했어요. 그래서 자신이 전하고 싶은 메시지를 현장에 직접 전달할 수 있었죠.

Jack Welch

출생 1935년. 미국 매사추세츠 주 피바디
업적 제너럴 일렉트릭을 이끌고 전무후무한 발전을 이룸

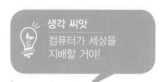
컴퓨터 천재 빌 게이츠

{ 1976년 빌 게이츠는 마이크로소프트(Microsoft)를 설립하여, 오늘날 전 세계 컴퓨터 소프트웨어 분야를 지배하는 기업이 되었어요. 그 놀라운 업적은 MS-DOS와 윈도즈(Windows) 같은 컴퓨터 운영 체제와 웹 브라우저인 인터넷 익스플로러(Internet Explorer)의 개발을 통해서 이룩된 것이죠. 그 덕분에 빌 게이츠는 세상에서 가장 부유한 사람이 되었어요. }

빌 게이츠가 컴퓨터 프로그래밍에 관심을 갖기 시작한 것은 학창 시절에 마이크로소프트의 공동 창업자 폴 앨런을 만나면서부터예요. 하버드 경영 대학원에서 두 사람은 최초의 컴퓨터 언어 프로그램인 앨테어 베이직을 개발했어요. 당시 미국 MITS 사가 개발한 최초의 조립식 개인용 컴퓨터 앨테어 8800에서 쓸 수 있는 언어 프로그램이었지요. 이를 기회로 게이츠와 앨런은 마이크로-소프트라는 동업 회사를 설립했고, 사업에 전념하기 위해 1975년 하버드를 나왔어요.

1980년 마이크로소프트는 IBM과 계약을 맺고 그 회사의 PC에서 쓸 수 있는 운영 체제를 개발했는데, 바로 MS-DOS예요. 마이크로소프트는 MS-DOS와 IBM PC가 서로 호환이 되게 했어요. 마이크로소프트의 성공은 이 같은 프로그램의 상호의존성에 힘입은 바가 커

열정과 혁신으로
승   부   한

요. 1980년대 말에 게이츠와 앨런은 윈도즈 운영 체제를 세상에 내놓았고, 이로써 마이크로소프트는 컴퓨터 운영 체제 시장에서 독보적인 위치를 점하게 됐어요.

컴퓨터 운영 체제 시장에서 마이크로소프트의 지배력이 갈수록 커지자 경쟁 업체들의 반발도 커져갔어요. 그러다 1997년 마이크로소프트는 미국 법무부의 조사를 받게 됐어요. 마이크로소프트가 시장 독점력을 이용해 다른 회사들이 윈도즈 대체 운영 체제를 개발하는 것을 가로막고 있을 뿐 아니라, 운영 체제 윈도즈를 팔 때 인터넷 익스플로러와 같은 소프트웨어들을 같이 제공해 경쟁 업체들이 설 자리가 없게 만들고 있다는 것이 이유였어요. 소송은 미국 정부가 마이크로소프트의 사업에 어느 정도 제약을 가하는 선에서 해결되었고, 마이크로소프트는 별 타격을 받지 않았어요.

빌게이츠는 입증된 프로그래밍 경력을 갖고 있는, 기술적으로 뛰어난 경영자였어요. 그는 회사 전략을 세울 때 연구 및 개발을 최우선 과제로 삼았어요. 또한 그는 기업 차원에서 협상을 벌일 때 강경한 입장을 고수하는 비지니스맨 데다가, 공격적인 가격 전략 및 마케팅 전략을 구사한 것으로도 유명해요. 그는 자신의 그런 재능들을 적절히 활용했고, 그래서 2000년대 초 IT(정보기술)분야가 침체에 빠졌을 때도 마이크로소프트는 잘 헤쳐나갈 수 있었지요.

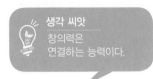

디지털 시대의 아이콘

스티브 잡스

스티브 잡스는 1976년, 친구이자 동료인 스티브 워즈니악과 함께 애플 사를 설립했어요. 이후 새로운 천 년의 첫 해에 선구자적인 안목으로 일련의 제품들을 내놓아 전 세계의 사회 및 문화 생태계를 바꿔놓았어요. 아이팟, 아이튠즈, 아이폰, 아이패드 등 그가 내놓은 제품들은 사람들이 과학 기술과 상호 교류하는 방식을 완전히 바꿔버린 혁신적인 것들이었지요.

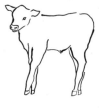

　　　　　스티브 잡스는 10대 시절에 이미 기술에 흥미를 느꼈고, '홈브루 컴퓨터 클럽' 모임에서 신기술에 열광하는 또 다른 10대 소년 스티브 워즈니악을 만났어요. 두 사람은 곧 의기투합해 1976년, 스티브 잡스의 집 차고 안에 애플 컴퓨터 사를 설립했어요.

사업은 무섭게 성공을 거뒀어요. 1980년에 이르러 애플의 연간 매출액은 1억 달러를 넘었고, 주식 상장 뒤 엄청난 성공을 거둬, 애플 설립자와 초기 투자자들은 하루아침에 돈방석에 앉게 됐어요.

스티브 잡스는 곧 명석한 전략가로, 혁신적인 사상가로 명성을 날렸고, 또 시대가 요구하는 것을 간파하는 능력도 대단했어요. 그러나 그는 성격이 까다로워, 동료들은 그가 냉정하고 고집스럽고 독선적인 면이 있다며 불만을 털어놓았어요. 1985년, 애플 사의 최고경영자였던 존 스컬리는 창업주인 스티브 잡스를 해고했어요. 스티브 잡스는 애플

사를 떠나 또 다른 컴퓨터 하드웨어 기업인 넥스트를 설립하고, 애니메이션 영화 스튜디오인 픽사도 사들였어요.

Steve Jobs

출생 1955년.
미국 샌프란시스코
업적 선구자적인 안목으로
사회 및 문화 생태계를 바꿈
사망 2011년.
미국 샌프란시스코

그런데 공교롭게 바로 그 무렵부터 애플 사는 내리막길을 걷기 시작했어요. 개인용 컴퓨터 시장에서 빌 게이츠가 이끄는 마이크로소프트 사와 맞붙으면서 일방적으로 밀리기 시작한 거예요. 1996년, 애플 사는 그에게 도움을 요청했어요. 그의 복귀는 즉각 효과를 발휘했고, 애플은 다시 제2의 전성기를 맞았어요. 잡스의 지휘 아래 애플은 일련의 제품을 내놓았는데, 그것들이 모두 사람들이 디지털 기술과 상호 교류하는 방법을 혁명적으로 바꿔놓은 제품들이었어요. 2002년에는 아이팟이 나왔는데, 이 제품은 전 세계적으로 무려 2억 5,000만 대 이상 팔려나갔고, 아이팟의 성공에 힘입어 온라인 뮤직 스토어인 아이튠즈가 태어났고, 아이튠즈는 곧 세계 최대의 음악 소매업체가 되었어요.

아이튠즈의 뒤를 이어 세계 최초의 스마트폰인 아이폰이 나왔고, 또 기존 상식을 깨고 '태블릿' 형태의 컴퓨터가 사람들에게 먹혀들 수 있다는 것을 보여준 아이패드가 나왔어요.

전 세계적인 잡스 열풍을 불러일으킨 애플 사의 성공은 그가 심각한 건강 문제들을 안고 있는 와중에 이루어졌다는 점에서 더욱 더 대단하게 여겨졌어요. 그러나 췌장암 진단 7년 후인 2011년 10월 5일, 잡스는 결국 자신을 괴롭히던 췌장암 앞에 무릎을 꿇고 말았어요.

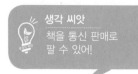

생각 씨앗
책을 통신 판매로
팔 수 있어!

**인터넷
소매상** 제프 베조스

> 프린스턴 대학에서 컴퓨터 공학을 전공한 제프 베조스는 금융회사에서 일
> 을 하다. 새로운 인터넷 환경이 만들어낸 사업 기회를 잘 활용하면 가능성
> 이 있겠다는 사실을 깨닫게 됐어요. 이후에 그는 시애틀에서 아마존을 설립
> 했어요. 처음에는 책 소매업을 취급하다. 자연스럽게 영역을 넓혀갔고, 베조
> 스는 억만장자가 되었어요.

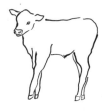

베조스는 고등학교 시절 컴퓨터에 매료되어, 프
린스턴대학에서 컴퓨터 공학을 전공했어요. 대학을
졸업한 뒤 그는 금융 중심지 월스트리트로 진출했
고, 거기서 국제 무역을 위한 네트워크 개발에 참여하
면서 인터넷 활용 가능성에 대해 흥미를 갖게 됐지요.
1990년대 초에 인터넷은 주로 정부 및 민간 기관들 사이에 정보를
주고받는 데 쓰었어요. 인터넷 서비스를 이용하는 개인의 수가 1년 사
이에 2,000퍼센트나 늘어나는 것을 본 베조스는 거대한 시장을 예측
하게 되었어요. 우편을 통해 통신 판매 중인 제품들의 목록을 조사하
는 과정에서, 그는 방대한 도서 목록을 가진 통신 판매가 전무하다는
사실을 알게 됐어요. 그리고 막대한 양의 데이타를 저장할 수 있는 인
터넷이야말로 그런 목적에 더없이 이상적인 수단이라고 생각했어요.
그는 자신이 직접 회사를 차리기로 마음먹었어요.

열정과 혁신으로
승   부   한

베조스가 시애틀로 이주한 것은 두 가지 이유 때문이었어요. 첫째, 그의 마케팅 사업에는 많은 책을 보관하고 유통할 수 있는 책 도매상이 필요했는데, 적합한 곳이 시애틀에 있었어요. 게다가 시애틀에는 잘 훈련된 컴퓨터 프로그래머들이 많았어요. 그는 차고 안에서 썬 마이크로스테이션 사의 서버 3개에 자신의 첫 사이트를 만들어 아마존 사업을 시작했어요. 입소문을 탄 것 외에 별도의 광고도 하지 않았는데 3개월도 채 안 돼 그는 매주 만 달러의 매출을 올렸고 미국 외에 45개국으로부터 주문을 받게 되었어요. 이후 고객 서평, 이메일 조회, 고객 만족도 등, 계속 새로운 기능을 추가하거나 개선하면서 사업은 급성장했고 1997년에는 주식 시장에 상장하게 되었지요. 베조스의 사업 전략 핵심은 고객들의 요구 사항들을 최대한 반영해 아마존을 '고객 중심'의 기업으로 만드는 것이었어요.

그간 대형 책 판매 업체들이 아마존의 성공을 따라하려고 애썼지만, 아마존은 선두주자의 이점을 놓치지 않았어요. 2000년에 이르러 아마존의 시가 총액은 가장 큰 경쟁 업체인 반스 앤 노블과 보더스 두 회사의 시가 총액을 합한 것보다 많았어요. 아마존은 곧 사업을 다각화해 책 외의 제품들도 판매하기 시작했어요. 그 결과 CD와 비디오, 가전제품, 의류, 장난감, 스포츠용품은 물론 각종 가정용품에까지 사업을 확장할 수 있었지요. 그러면서 세계 최대의 서점인 아마존은 세계 최대의 소매점이 되었답니다.

Jeff Bezos

출생 1964년. 미국 뉴멕시코 주 앨버커키
업적 큰 성공을 거둔 최초의 인터넷 전자 상거래 기업인 아마존(Amazon)을 설립

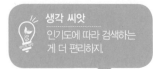

래리 페이지와 세르게이 브린

**구글의
설립자들**

> 래리 페이지와 세르게이 브린은 스탠퍼드 대학에서 컴퓨터 공학 관련 연구
> 논문을 공동 집필하다가 세계 최고의 인터넷 검색 엔진인 구글(Google)을 만
> 들게 되었어요. 2006년 설립한 지 10년도 채 안 돼 구글은 시가 총액이 1,500
> 억 달러로 추산될 만큼 놀라운 발전을 이루었지요. 페이지와 브린은 쉽고 빠
> 른 인터넷 검색으로 인터넷을 이용하는 방식을 혁명적으로 바꾸어놓았어요.

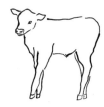

　　　　　　　　래리 페이지는 미국 미시건 주에서 성장했는데,
부모가 다 컴퓨터 공학 교사였어요. 세르게이 브린
은 러시아 모스크바에서 태어나, 그가 여섯 살 나던
해에 가족이 미국으로 이민을 왔어요. 페이지와 브린
은 스탠퍼드 대학에서 함께 차세대 인터넷 검색 엔진
개발에 몰두했어요. 그들이 대학 강의실에서 처음 만들어낸 것이 백
럽(BackRub)으로, 웹 페이지들을 인기도에 따라 찾는 인터넷 검색 엔
진이에요. 인기도에 따라 검색하는 방식이 사용자 입장에서 효용 가
치가 높다고 생각했던 거예요.

　　검색 엔진 백럽의 이름을 구글로 바꾼 두 사람은 자신들의 아이디
어를 상업화하기 위해 대학을 중퇴하고, 1998년 구글 검색 엔진의 서
비스를 시작했어요. 그리고 8년도 안 돼 구글은 수십 억 개의 웹 페
이지를 검색할 수 있게 되었고, 매일 6억 명 가까이 접속하는 검색 엔

열정과 혁신으로
승 부 한

진이 되었지요.

2001년 구글은 직원 수가 1,000명을 넘을 정도로 성장했고, 2007년에는 직원 수도 1만 2,000명이 되었어요.

구글의 성공 요인에는 두 가지 측면이 있어요. 구글 사이트가 광고주들에게 말할 수 없이 매력적이라는 것이에요. 매일 많은 사람들이 구글에 들어와 검색을 하기 때문에 좋은 광고 수단이 되는 거죠. 또 다른 측면은 구글이 정확하고 효율적이며 완전한 검색 결과를 보여주어 사용자들에게도 인기가 높다는 것이에요. 구글은 최근에 유튜브까지 인수했어요. 구글의 주가가 계속 오르는 건 조금도 놀랄 일이 아니죠.

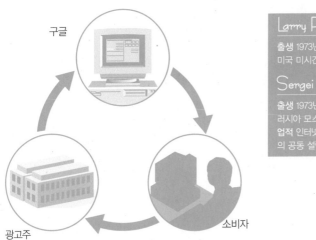

구글

광고주

소비자

Larry Page
출생 1973년.
미국 미시건 주 랜싱
Sergei Brin
출생 1973년.
러시아 모스크바
업적 인터넷 검색 엔진 구글의 공동 설립자

인터넷 검색 엔진의 사업 모델은 무료 신문의 사업 모델과 조금 비슷하다. 우선 소비자들은 서비스를 이용하면서도 돈을 낼 필요가 없고 대신 구글과 기타 다른 검색 엔진들은 기업들에게 각 검색 결과와 연결되는 광고 공간을 팔 수 있다. 광고주들은 자사 제품에 이미 관심이 있는 소비자들을 상대로 직접 마케팅을 할 수 있고, 그 소비자들에게 제품이나 서비스를 팔아 수입을 올릴 수 있다.

Monoplies
독점

{ 독점이란 경쟁이 아주 제한적이거나 아예 없는 시장 상태를 뜻해요. 영어
로 monopoly인데, 이는 '하나'를 뜻하는 그리스어 monos와 '판다'라는 뜻
을 가진 polein이 합쳐진 말이에요. 문자 그대로 한 기업만 제품을 파는 상
태를 뜻해요. 한 기업이 시장이고 시장이 곧 그 기업인 셈이죠. 독점 기업은
자신들의 제품이나 서비스 가격을 거의 마음대로 올릴 수 있어요. }

그러나 현실적으로는 독점의 힘을 제약하는 시장 요소들이 많아요.
전혀 새롭거나 대체 가능한 제품이나 서비스가 나올 가능성도 있고, 강
력한 경쟁 업체들이 나타날 가능성, 정부가 독점 행위를 막기 위해 뭔가
제재를 가할 가능성도 있지요.

독점에 반대하는 이유는 여러 가지인데, 그 이유 중 일부는 이론적인
것이고 또 다른 일부는 현실적인 것이에요. 경제학 이론에 따르면, 독점
이 행해지는 시장에서는 경쟁이 존재하는 시장에 비해 가격은 비싸지고
생산량은 줄어든다고 해요. 그 외에 사회 복지 차원에서도 문제가 생겨
요. 독점 기업은 가격을 높은 상태로 유지하기 위해 의도적으로 생산량
을 줄일 수 있는데, 그렇게 되면 자원들이 효과적으로 쓰이지 못하게 되
고, 그 결과 사용할 수 있으면서도 사용하지 않는 초과 설비가 존재하게
되기 때문이에요. 게다가 독점업체가 많은 이익을 올리는 것은 기업을 효
율적으로 운영해서라기보다는 순전히 시장 독점력을 이용해 실제 단가보
다 높은 가격을 받고 있기 때문인 경우가 많아요.

독점 기업은 시장에서 다른 방식으로 영향력을 행사할 수도 있어요. 유일한 공급 업체라는 점을 악용해, 지역에 따라 다른 가격으로 제품을 팔아 더 많은 이익을 낼 수 있어요. 잠재적인 경쟁 업체들을 시장에서 몰아내기 위해 부당한 상행위를 할 수도 있지요. 그러기 위해 독점 업체들은 약탈적 가격 정책(가격을 아주 낮춰 경쟁 기업을 시장에서 몰아낸 뒤 다시 가격을 올려 손실을 만회하는 가격 정책)이나 수직적 가격 정책(유통업체들에게 경쟁 업체의 제품을 팔지 못하게 하거나 일정 가격 이하로 제품을 팔지 못하게 막는 정책) 같은 부당한 관행들을 이용하기도 해요.

하나의 기업이 업계를 지배하면 기술적인 발전이 느려지는 경우가 많다는 것을 보여주는 증거들도 있어요. 독점 기업은 경쟁 압력을 받는 일이 없어 이익금을 굳이 위험성 높은 연구 및 개발에 쓸 필요성을 느끼지 못하기 때문이에요.

그러나 독점 기업들을 옹호하는 주장도 많아요. 첫째, 독점 기업이 늘 가격을 올리고 사회 복지 문제를 야기하는 건 아니라는 거예요. 사실 독점 기업은 생산 및 유통 과정에서 규모의 경제를 실현할 수 있기 때문에, 사회 복지에 도움을 줄 수도 있지요. 특히 특정 분야는 독점 기업 형태로 운영되는 것이 오히려 더 효율적이라고 해요. 수도와 가스, 전기, 통신 같은 분야는 종종 '자연 독점' 분야라고 일컬어져요. 자연 독점은 어떤 분야가 효율적인 운영에 필요한 기업의 최소 규모가 워낙 커 한 기업밖에 소화하지 못할 때 일어나요.

전략가들

STRATEGISTS,

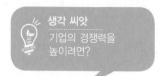

경쟁 전략가 **마이클 포터**

> 마이클 포터는 기업 전략 분야의 선구자로, 그의 '5가지 경쟁 요인' 모델은 유명하지요. 그는 국제 경제 및 지역별 집단 경제까지 폭넓은 분야에 관심이 있었고, 국가 경쟁력 우위를 높이는 데 필요한 이론을 발전시켰어요. 포터가 주장한 5가지 경쟁 요인이란 경쟁의 강도, 새로운 경쟁 업체의 시장 진입, 대체 제품이나 서비스, 구매자들의 힘, 공급 업체들의 힘이에요.

포터는 미시경제학 관점에서 특정 제품과 시장에서 경쟁력을 높이는 경쟁 전략을 연구했고, 그 결과를 1980년에 발간된 자신의 저서 『경쟁 전략』에 남았어요.

마이클 포터가 가장 큰 영향력을 미친 경영 이론은 기업 경쟁력을 높이기 위해 고려해야 할 '5가지 경쟁 요인'에 대한 이론일 거예요.

첫 번째 요인은 '경쟁의 강도'예요. 경쟁의 강도는 어떤 산업 분야에서 활동 중인 기업들의 수와 규모에 따라 달라져요. 비슷한 규모의 기업이 많다면, 대개 경쟁이 더 치열하죠. 두 번째는 '신규 진입의 위협'이에요. 언제 어떤 신규 업체가 들어올지 모르는 기업은 경쟁이 없는 분야의 기업들과는 경영 방식도 달라지게 되죠. 세 번째는 '대체 제품이나 서비스의 위협'이에요. 대체 제품이나 서비스가 있을 경우에는 당연히 경쟁이 더 치열해지죠. 이런 상황에서 활동하는 기업들은 브

열정과 혁신으로
승   부   한

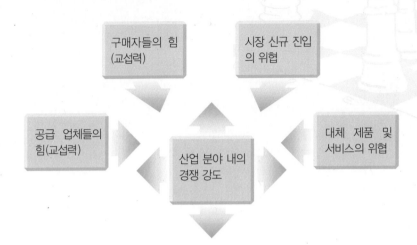

포터의 '5가지 경쟁 요인' 모델은 한 기업의 경쟁 환경에 영향을 주는 요인들을 보여주고 있다. 기업들은 위와 같은 5가지 경쟁 요인들에 몰려 잘못하면 시장에서 밀려나게 된다. 경쟁의 강도, 새로운 경쟁 업체의 시장 진입, 대체 제품이나 서비스, 구매자들의 힘, 공급 업체들의 힘.

랜드화나 광고 등을 통해 자사 제품이나 서비스를 경쟁 업체들과 차별화하려고 애쓰게 돼요. 네 번째는 '구매자의 힘'이에요. 어떤 기업의 제품이나 서비스에 미치는 구매자의 힘은 구매자들의 수와 규모에 따라, 그리고 제품이나 서비스의 생산량에 대한 구매자의 의존도가 어느 정도인지에 따라 달라져요. 다섯 번째는 '공급 업체의 힘'이에요. 만일 공급 업체들이 몇 안 되면서 규모가 크다면, 시장 지배력을 이용해서 가격을 올리거나, 품질을 떨어뜨리고, 심한 경우 제품이나 서비스 공급을 중단하겠다고 위협도 해요.

Michael Porter

출생 1947년.
미국 미시건 주 앤 아버
업적 경쟁 전략 분야의 세계
최고 학자들 중 한 사람

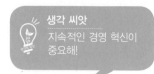

생각 씨앗
지속적인 경영 혁신이
중요해!

경영 전략가 게리 하멜

{ 게리 하멜은 세계적으로 유명한 경영 컨설턴트예요. 그는 제너럴 일렉트릭, 마이크로소프트 등 세계 최고 기업의 경영 자문을 해주었어요. 그는 기업 경영과 관련해 많은 중요한 전략적 개념을 만들었는데, 특히 유명한 것이 '핵심 역량' 개념이에요. 최근 들어 하멜은 '지속적인 경영 혁신'의 중요성 을 강조하고 있어요. }

게리 하멜은 25년 가까이 학계에 있으면서 기업들을 상대로 경영 컨설턴트 일을 해왔는데, 참신하면서도 도전적인 그의 이론은 경영학 분야에 큰 영향을 주었어요.

가장 유명한 업적으로 꼽히는 '핵심 역량' 이론은 유명한 경영학자 코임바토레 프라할라드와 공동으로 개발한 것이에요. 두 사람은 핵심 역량이 기업 경쟁력을 높이는 열쇠라고 주장했어요. 핵심 역량이란 일종의 전문 지식으로, 기업이 다른 기업들과의 경쟁에서 경쟁 우위를 만들어내고 유지하는 데 쓰이는 지식이라고 할 수 있어요. 또한 기업이 경쟁에서 앞서 나가려면 그 무엇보다 다른 기업들이 모방할 수 없게 그 기업의 핵심 역량을 잘 지킬 수 있어야 한다고 주장하고 있어요. 기술 변화가 급속도로 진행되는 산업에서 활동 중인 기업들은 신속히 그 변화에 적응해 스스로를 변화시킬 수 있어야 해요. 전략적 의도와 적절한 유연성을 가진 기업만이 성공할 수

열정과 혁신으로
승 부 한

있다는 것이죠.

최근 들어 하멜은 '지속적인 경영 혁신'의 중요성을 강조하고 있어요. 경영 혁신을 통해 적절한 자원 할당, 새로운 시장 개척, 직원들에 대한 동기 부여 같은 새로운 경영 전략을 채택할 때 비로소 경쟁 우위를 만들어낼 수 있다는 거예요.

자신의 주장을 뒷받침하기 위해 하멜은 과학적인 관리, 영업권이나 특허권 같은 무형 자산의 관리, 직원들의 지식 활용 등이 중요하다고 말하고 있어요. 그는 1900년대에 연구 및 디자인 관리를 위해 새로운 접근 방법을 채택한 제너럴 일렉트릭을 과학적 관리를 실시한 선구적인 기업으로 꼽고 있어요. 제너럴 일렉트릭은 새로운 접근 방법을 통해 50년 넘게 그 어떤 미국 기업보다 많은 특허를 획득할 수 있었어요.

이밖에 하멜이 무형 자산 관리에 성공한 기업으로 꼽는 것은 1930년대에 다양한 브랜드를 효율적으로 관리한 프록터 앤 갬블이에요. 직원들의 '지혜'를 잘 활용한 예로는 일본 자동차 회사 도요타를 꼽아요. 그 회사는 팀을 잘 활용해 자동차 제조 과정에서 발생하는 복잡한 문제들을 해결하는 데 뛰어난 능력을 보였어요.

기업들은 지금 국제 경쟁의 심화, 소비자 권한의 증대, 빠른 기술 발전 등 21세기의 새로운 도전들에 직면해 있으며, 그래서 더 많은 시간과 자원을 경영 혁신에 쏟아야 한다고 해요.

Gary Hamel

출생 1954년, 미국 미시건주 세인트 조세프
업적 '핵심 역량'의 개념을 만들어낸 선구자적인 경영 전략가

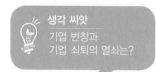

경제
학자

로널드 코스

> 로널드 코스는 1세기 가까이 살고 있는 것에 비하면 그리 많은 책을 쓰지는 않았어요. 그러나 그간 그가 쓴 책들은 경제학과 경영 전략에 지대한 공헌을 했어요. 기업의 성격에 대해 '거래 비용 분석'이라고 알려진 그의 이론은 새로운 분석의 지평을 열었고, 재산권에 대한 그의 생각은 공공 정책에 지대한 영향을 주었지요.

　　　로널드 코스는 대학 강단에 서면서 중요한 논문을 두 편 썼어요. 첫 번째 논문은 1937년에 나온 『기업의 본질』인데, 그 논문에서 그는 기업이 왜 존재하는지를 설명하고, 무엇보다 특히 기업 전략에 대한 새로운 접근 방법을 제시하고 있어요.

　　　코스의 중요한 두 번째 논문은 1960년에 나온 『사회적 비용의 문제』라는 논문인데, 그 논문은 주로 외부성(어떤 경제 활동이 당사자가 아닌 다른 사람에게 의도하지 않은 혜택이나 손해를 발생시키는 것) 문제의 해결과 재산권 문제를 다루었어요. '코스의 정리'(외부성으로 인해 영향을 받는 모든 이해 당사자들이 자유로운 협상에 의해 상호간의 이해를 조정할 수 있다면 정부의 개입 없이도 효율적인 자원 배분이 가능하다는 이론)로 불리게 된 그의 이론은 '시장 실패'(시장이 적절한 자원 배분을 하지 못하는 상태)를 다루는 정부의 기존 정책들에 큰 영향을 주었어요.

　　　1937년도 논문 『기업의 본질』에서 코스는 시장 경제 체제 하에서

열정과 혁신으로
승　부　한

자원 배분 결정은 가격 기능을 통해 무심결에 이루어져, 가격이 높은 쪽으로 자원이 몰리게 된다고 주장했어요. 그러나 기업 내부에서의 자원 배분은 가격 기능이 작용하지 않아요. 그러니까 기업의 자원인 직원들이 한 부서에서 다른 부서로 옮기는 것은 가격 기능 때문이 아니고 경영진이 시키기 때문이라는 거예요. 어떤 경우에는 자원 배분이 시장에서 일어나고 또 어떤 경우에는 기업에서 일어나는 것일까요? 코스는 시장에서 자원 배분이 일어날 때는 '거래 비용'(각종 거래에 수반 되는 비용)이 발생한다고 주장했어요.

거래 비용의 예로는 관련 제품들의 가격 정보를 수집하는 데 들어가는 '조사' 비용, 계약 조항들을 협상하는 데 들어가는 비용, 정부 때문에 발생하는 비용 등을 꼽을 수 있어요. 기업이 만일 시장 거래를 기업 내부에서 처리하면 그 비용을 절약할 수 있게 돼요. 코스의 주장에 따르면, 추가 거래가 시장을 벗어나 기업의 테두리 안에서 일어날 때 기업이 번창한다고 해요. 반대로 기업 내부에서의 거래가 끝나면 시장 거래로 돌아가야 하는데, 그럴 때는 기업이 쇠퇴한다는 것이죠. 따라서 기업 내부에서 추가 거래를 하면서 발생하는 한계 비용(제품이나 서비스를 하나 더 추가 생산할 때 들어가는 추가 비용)이 한계 편익(어떤 행위를 하나 더 해서 추가로 얻는 편익)보다 더 커질 때 기업의 성장은 한계에 부딪히는 거지요.

Ronald Coase

출생 1910년, 영국 윌즈덴
업적 기업과 전략을 규정하는 데 도움을 주는 '거래 비용 분석'의 창시자

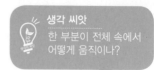

생각 씨앗
한 부분이 전체 속에서
어떻게 움직이나?

**오퍼레이션 리서치의
권위자**

러셀 액코프

러셀 액코프는 현재 펜실베이니아대학 경영 대학원인 와튼 스쿨의 명예 교수
이며 인터랙티브 시스템 디자인을 다루는 자문 회사 인터랙트(Interact)의 최
고 경영자이기도 해요. 그는 많은 책과 학술 논문을 썼으며, 오퍼레이션 리
서치 부문의 발전에 기여한 것으로 잘 알려져 있어요.

액코프는 펜실베이니아대학에서 건축학과 철학을 공부하
고 오하이오 주의케이스 웨스턴 리저브 대학에서 오퍼레이션
리서치(과학적인 기업 경영법이 한 종류) 프로그램 개발에 전념
했는데, 이는 그 분야에서는 미국 최초였어요. 1957년 액코
프와 그의 동료들은 오퍼레이션 리서치의 범위를 규정짓는
『오퍼레이션 리서치 개요』라는 책을 썼어요. 그리고 1964년 펜실베이니
아대학으로 돌아와 경영 과학 센터를 세웠어요.

오퍼레이션 리서치는 제2차 세계 대전 당시 영국에서 처음 개발된
것으로, 전쟁을 효과적으로 수행하려는 군사적 목적에 의해 개발된
것이었어요. 그때까지만 해도 경영 문제에 대한 해결책을 찾을 때는
수량 중심적이며 객관적인 분석 방법을 이용해 문제들을 분석했어요.

액코프는 기업 환경에서 경영 전략가들이 직면하는 문제들은 대개
질적인 문제들이어서, 수량 중심적인 분석 방법을 사용해봐야 별 쓸

열정과 혁신으로
승 부 한

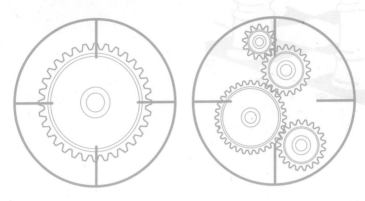

액코프의 '통합적'인 사고는 시스템을 전체로 파악하는 것으로, 단순히 각 부문만 보는 것이 아니라 각 부문들 간의 상호작용을 봄으로써 효율성을 극대화시키게 된다. 기업의 한 부문이 잘 돌아간다 하더라도 그 덕에 다른 부문들까지 같이 잘 돌아가지 않는다면 아무 소용없는 것이다.

모가 없다는 사실을 알았어요. 그럼에도 불구하고 관리자들은 계속 한정된 수량 중심적 방법으로 목표를 정하려 했지요.

　경영상의 어떤 문제를 해결하려 할 때 가장 널리 쓰이는 방법은 문제를 부문별로 나누는 것이에요. 각 부문을 파악함으로써 전체 조직이나 시스템을 파악하는 접근 방법이죠. 액코프는 거기서 할 걸음 더 나아가, 조직이나 시스템은 각 부문들의 상호작용에 의해 움직인다는 사실을 깨달은 거예요. 그래서 어떤 시스템을 분석할 때는 각 부문을 전체 속의 일부로 분석해야 한다는 것이죠. 이를 이해하려면 통합적인 사고가 필요해요. 액코프는 그와 같은 통합적 사고 즉 '시스템 사고'가 기업 조직을 더 정확히 분석할 수 있게 해준다는 사실을 깨달았지요.

Russell Ackoff
출생 1919년, 미국 펜실베이니아 주 필라델피아
업적 오퍼레이션 리서치 분야의 발전에 지대한 공헌을 함

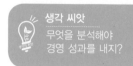

생각 씨앗
무엇을 분석해야
경영 성과를 내지?

`성과 분석`
`전문가` 로버트 캐플란

로버트 캐플란은 데이비드 노턴 교수와 함께 〈하버드 비즈니스 리뷰〉에 '균형 성과표'를 발표했는데, 그것은 금전적인 이익뿐 아니라 비금전적인 성과 지표들을 중시하는 새로운 경영 방법이에요. 이 방법은 현재 전 세계의 많은 기업과 정부 부처에서 사용되고 있어요. 이 기법을 활용하면 특정 제품이나 서비스를 만드는 데 필요한 비용을 더 정확히 분석할 수 있어요.

캐플란은 전기 공학을 전공하고, 오퍼레이션 리서치 분야로 박사 학위를 취득했어요. 그는 기업의 성과와 전략 목표의 관계에 대해 깊이 연구했어요. 그리고 그 과정에서 '활동 기준 원가 계산'과 '균형 성과표' 같은 개념을 개발해냈지요.

활동 기준 원가 계산(ABC)이란 기업 활동을 각 부문으로 나누어 해당 부문에 필요한 정확한 자원 노력을 분석하는 기법이에요. 이 기법을 활용하면 특정 제품이나 서비스를 만드는 데 필요한 각 활동의 관련 비용을 더 정확히 분석할 수 있어요.

캐플란의 균형 성과표는 전략적인 관리를 위한 새로운 접근 방법으로, 경영 성과를 내려면 각 부문별로 어떤 것을 분석해야 하는지 명확한 지침 역할을 해줘요. 기업이 어떤 행동 방침을 세워야 하는지를 명확하게 알 수 있게 해주는 거지요. 이 접근 방법을 활용하면 기업 내부의 활동과 그 결과에 대한 정보를 얻을 수 있기 때문에 경영진은

열정과 혁신으로
승 부 한

기업 성과를 향상시킬 수 있어요.

한 기업의 재무 자료는 그간의 기업 활동을 기록한 것이기 때문에, 앞으로 만들어낼 미래의 가치와는 별 상관이 없어요. 미래의 가치를 만들어내는 일은 기업이 고객, 공급 업체, 직원, 기술 혁신, 잠재력 등을 얼마나 잘 분석할 수 있는가에 달려 있어요. 캐플란은 네 가지 관점에서 기업 성과를 분석해야 한다고 제안했어요. 첫 번째 관점인 '교육과 성장'은 직원 교육과 지속적인 지식 습득을 위한 환경 조성을 뜻해요. 두 번째 관점인 '비즈니스 프로세스'는 기업 내부의 기능들을 뜻하며, 기업 내부의 기능은 임무 중심의 기능과 지원 기능으로 나뉘어요. 임무 중심의 기능은 관리자들의 능력에 따라 좌우되지요. 세 번째 관점인 '고객'은 기업의 제품이나 서비스에 대한 고객의 만족도를 뜻해요. 그리고 마지막으로 '재무적인' 관점은 전통적으로 매출과 시장 점유율, 투하 자본 수익률(생산 및 영업 활동에 투입한 자본으로 얼마나 이익을 올렸는지를 나타내는 지표) 등을 뜻해요.

일반적으로 기업은 위의 네 가지 관점 가운데 특히 재무적인 관점을 지나치게 중시하는 경향이 있는데, 그렇게 되면 균형 성과표가 아니라 '불균형' 성과표로 이어질 수 있어요. 예를 들어 어떤 기업이 재무적인 측면에서는 튼튼하지만 그 기업 제품이나 서비스에 대한 고객 불만족도가 심하다면, 오래지 않아 매출이 떨어지는 어려움에 직면하게 돼요.

Robert Kaplan

출생 1940년, 미국 뉴욕
업적 기업의 전반적인 성과를 평가하는 데 쓰이는 '균형 성과표'를 개발

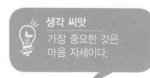

**기업
전략가** 오마에 겐이치

오마에 겐이치는 1972년에 다국적 컨설팅 기업인 맥킨지 앤 컴퍼니(McKinsey & Company)의 일본 사업부 총괄 사장이 됐어요. 그리고 전 세계 산업과 세계화, 국제 경쟁 등에 대한 남다른 식견으로 국제 사회에서 '미스터 전략'으로 알려졌어요. 그는 미래에는 세계화된 새로운 세상이 기업 경영의 기본 틀이 될 거라고 믿고 있어요.

오마에 겐이치가 경영 전략 분야에 처음 공헌을 한 것은 1983년에 펴낸 자신의 저서 『전략가의 마인드』를 통해서였어요. 이 책에서 그는 기업은 근본적으로 단순한 것이며 기업의 경영 전략에서 중요한 것은 철저한 분석보다는 마음 자세라고 주장했어요. 그는 또 기업은 소비자와 기업의 역량 그리고 경쟁에 집중해서 어떻게 하면 이 세 가지 요소로 이익을 낼 것인지 전략을 세워야 한다고 했어요.

1990년대에 들어와 오마에 겐이치는 국제 비즈니스, 특히 세계화로 인한 국가 경쟁력 저하 문제에 큰 관심을 보였어요. 그의 저서 『국경 없는 세계』는 정치적 국경선을 넘나드는 다국적 기업들의 경쟁력 문제를 주로 다루었어요. 2001년에 그는 『보이지 않는 대륙』을 썼는데, 이 책에서 과학 기술의 발전으로 4개의 차원을 가진 전혀 새로운 대륙이 생겨나고 있다고 주장했어요. 첫 번째 차원은 '눈에 보이는 차원'으로,

손으로 만질 수 있는 제품들을 말해요. 두 번째 차원은 '국경 없는 세계'로 기업과 자원, 제품들이 국가와 국가 사이를 아무 제약 없이 흘러 다니고 있는 것을 말해요. 세 번째는 '사이버 차원'이에요. 마지막으로는 '과다 평가된 기업들의 차원'으로, 세계 주식 시장에서 과다 평가되면서 자산 규모가 급증해 오래된 기업을 사들이는 신흥 기업을 뜻해요. 오마에 겐이치는 그런 신생 기업들을 '고질라' 기업이라고 부르는데, 마이크로소프트, AOL, 구글, 델 등이 그에 해당해요. 이러한 신

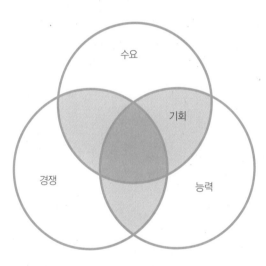

大前研一
출생 1943년.
일본 기타큐슈
업적 글로벌 경쟁과 기업
전략 문제에 대한 세계적
인 권위자

오마에 겐이치는 소비자 수요와 기업의 역량, 그리고 경쟁을 기업 전략의 3대 핵심 요소로 봤다. 이때 소비자 수요와 기업의 역량 간에 중복되는 부분 즉, 기회를 최대화하고 경쟁과 중복되는 부분들을 최소화할 수 있게 하는 전략이 뛰어난 전략이다.

생 기업들과 대조되는 기업들이 IBM, 휴렛-팩커드, 소니 같이 오래된 '거인' 기업들인데, 이런 기업들은 새로운 차원의 대륙에서 경쟁하는 것이 훨씬 더 힘들어졌어요.

오마에 겐이치는 미래에는 세계화된 새로운 세상이 기업 경영의 기본 틀이 될 거라고 믿고 있어요.

Multinationals
다국적 기업

다국적 기업이란 두 나라 이상에서 제품이나 서비스를 생산 또는 관리하는
기업을 뜻해요. 다국적 기업은 이미 있는 해외의 기업을 인수하거나 직접 투
자를 해서 해외에 새로운 기업을 설립하는 형태로 사업을 하지요. 통신 기술
의 발달, 소비자 취향의 세계화, 복잡한 국제 활동을 관리하는 새로운 조직 구
조의 발전 덕분에 다국적 기업은 30여 년간 많이 늘어났어요.

다국적 기업은 그 형태가 아주 다양해요. 먼저 '수평적으로 통합된' 다
국적 기업이 있는데, 예를 들어 일본 자동차 회사 닛산이나 미국 자동차
회사 포드처럼 동일한 제품을 여러 나라에서 약간씩 변형을 해서 생산하
는 기업을 뜻해요. 그에 빈해 '수직적으로 통합된' 다국적 기업은 한 제품
에서 나오는 여러 단계의 제품을 여러 나라에서 생산하는 기업이에요. 석
유 기업들이 그 예가 되지요. 다국적 복합 그룹은 여러 가지 다른 제품을
여러 나라에서 생산하는 기업을 뜻해요. 소니 워커라는 술로 유명한 주
류 전문 기업 디아지오가 그런 기업들 중 하나예요. 그런데 왜 많은 기업
들이 다국적 기업이 되려고 할까요? 비용 절감이나 성장을 추구하기 때
문이지요. 비용 절감을 하려는 기업들은 대개 수직적으로 통합된 다국적
기업이 되는 경우가 많고, 성장을 추구하는 기업들은 수평적으로 통합된
다국적 기업이나 다국적 복합 그룹이 되는 경우가 많아요.

다국적 기업이 외국에 진출해 비용을 절감하려는 데는 여러 가지 이
유가 있어요. 첫째, 원자재나 노동력 같은 자원들을 보다 싸게 이용하고

싶은데, 어떤 자원은 그 기업의 자국 시장에서는 구할 수 없고 또 외국에서 가져오기도 힘든 경우가 있기 때문이에요. 어느 경우든 기업이 그 자원들을 십분 활용하려면 그 자원이 있는 나라로 가는 수밖에 없죠. 또 어떤 기업이 예를 들어 조립 생산 라인 등을 이용하는 등 노동집약적인 방법으로 생산을 한다면 외국의 값싼 노동력에 매력을 느낄 수도 있어요. 그 좋은 예가 나이키로. 전 세계 40여 개 국가에 공장이 있는데 그 가운데 상당수가 동남아시아에 있어요. 값싼 노동력을 이용하기 위해서죠. 두 번째 이유는 노동 생산성 때문이에요. 설사 외국의 노동력이 더 비싸다 해도 생산성이 높다면 제품 개당 단가를 낮출 수 있거든요. 세 번째 이유는 외국의 우수한 철도와 도로, 편리한 항구 등, 사회 기반 시설의 이점을 활용하기 위해서예요. 이밖에 풍족한 보조금 지급과 면세 기간 부여 같은 외국 정부의 유인책들이 해외 진출을 생각하는 기업들에게는 좋은 자극제가 될 수 있어요.

기업의 입장에서는 관세 장벽을 피하기 위해 외국에 직접 투자를 할 수도 있어요. 예를 들어 유럽 연합(EU)은 회원국끼리 관세 동맹을 맺고 있어, 그 회원국 중 한 나라에 진출할 경우 관세 장벽을 피할 수 있는 것이죠.

기업들이 다국적 기업이 되려는 또 다른 큰 이유는 성장을 위해서예요. 만일 자국 시장이 포화 상태에 이르렀다면, 외국 시장이 매력적으로 다가올 수 있죠. 다국적 기업은 지난 30여 년간 많이 늘어났는데, 통신 기술의 발달 같은 여러 기술의 발전, 소비자 취향의 세계화, 복잡한 국제 활동을 관리하는 조직 구조의 발전 덕분이지요.

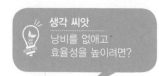

생각 씨앗
낭비를 없애고
효율성을 높이려면?

린 생산 방식의 아버지 타이치 오노

타이치 오노는 1932년 도요타 자동차에 입사해 처음에는 직물 부문에서 일을 했어요. 그러다가 1939년 자동차 부문으로 옮겨 승진을 거듭했어요. 1950년대에 그는 자동차 생산 라인의 관리 책임자가 되었고, 도요타의 재무 상태가 불안해지자 '도요타 생산 방식'을 개발해 생산 효율성을 크게 높였어요. 그리고 1975년, 그는 도요타의 부사장이 됐어요.

제2차 세계 대전 직후 미국 자동차 공장의 생산성은 일본의 9배나 되었지요. 도요타 생산 방식(Toyota Production System. 흔히 TPS라고 함)은 미국 자동차 공장의 생산성에 맞서기 위해 도요타 자동차 회사의 타이치 오노가 개발한 시스템이에요. 타이치 오노는 자신의 생산 방식을 개발하는 데 헨리포드의 저서가 도움이 되었다고 말했어요.

1926년에 나온 『오늘과내일』에는 헨리 포드의 생산 방법, 재고 관리 방법, 낭비 최소화 방법 등이 자세히 나와 있었어요. 또한 미국 슈퍼마켓 운영 방식을 관찰한 것도 타이치 오노에게 도움이 됐지요. 슈퍼마켓에 선반이 비어있을 틈이 없이 제품들을 채워 넣는 것을 주목한 거예요. 기업에서 생산 과정 중 원자재를 보충할 때 적용할 수 있는 개념과 비슷하지요.

도요타 생산 방식의 핵심은 낭비를 없애고 효율성을 높이는 것이

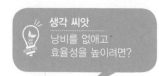

118

었는데, 그것은 당시 일본 자동차 제조업체들의 입장에서는 아주 중요한 일이었어요.

타이치 오노는 과잉 생산, 생산 라인에서의 대기 시간, 반쯤 완성된 제품들의 무질서하고 비체계적인 공장 내 이동 방식, 더딘 업무 처리, 과다한 재고, 재고 및 완성된 제품의 결함 등이 다 낭비 요인이라고 보았어요. 이런 낭비 요인을 해결하기 위한 타이치 오노의 생산 방식이 '적시 공급 생산 방식'과 '오토노메이션'이었어요. 적시 공급 생산 방식이란 공장 내에서는 모든 자동차 부품이 필요할 때에만 움직이게 하고, 가능한 한 일정한 속도로 움직이게 하는 생산 방식이에요. 오토노메이션은 모든 것을 전적으로 기계에 의존하는 자동화 과정에 인간의 힘을 가미한 자동화를 말해요.

타이치 오노가 개발한 생산 방식으로 인해 도요타 자동차의 생산 효율성은 크게 높아졌어요. 이후 타이치 오노의 생산 방식은 전 세계 여러 기업에서 채택되었는데, 서구에서는 모든 낭비를 줄이는 생산 방식이라는 뜻에서 '린 생산 방식' 또는 '무재고 생산'이라고 불렀어요.

大野耐一

출생 1912년, 중국 만주
업적 '적시 공급 생산 방식'
과 '린 생산 방식'의 창안자
사망 1990년
일본 도요타 시

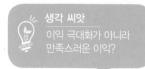

**의사 결정 분석의
권위자**

허버트 사이먼

> 노벨 경제학상 수상자인 허버트 사이먼은 거시 경제 및 기업 전략 분야에
> 서의 의사 결정 분석에 큰 기여를 했어요. 그는 기업 환경으로 인해 의사
> 결정자들이 불확실성과 '제한된 합리성'을 갖고 있다고 주장했어요. 사이먼
> 은 이러한 개념을 토대로 보다 새로운 기업 의사 결정 분석 이론들을 개발
> 해냈어요.

사이먼은 경제학과 경영학뿐 아니라 심리학, 컴퓨터 공학,
철학, 인공지능학 등의 분야에도 관심이 많았어요. 그래서 많
은 분야의 지식을 통합시킨 이론과 접근 방법을 개발할 수 있
었어요.

1950년대에 그의 관심을 끈 것은 기업 조직의 이론이 모
든 의사 결정은 합리적이라는 가정 하에 만들어졌다는 것이었
어요. 인간이 실수할 수 있다는 점은 염두에 두지 않은 거죠.

의사 결정자들은 많은 문제에 부딪치게 돼요. 특히 미래는 원래 불
확실한 것이어서 매번 올바른 결정을 할 수는 없다는 것이에요. 게다
가 기업 전략은 현재의 정보를 얻는 데 들어가는 비용에 의해 제약을
받아요. 거기서 '제한된 합리성'이라는 개념이 나오게 되지요.

사이먼은 관리자들이 이익을 극대화하는 데만 전념할 것이 아니라
'만족스런' 이익을 얻는 데도 전념해야 한다고 주장했어요. 이것이 '극

대화' 행동과는 전혀 다른 '만족화' 행동으로 알려지게 돼요.

사이먼은 또 평형 개념을 중시하는 경제 모델의 활용에도 의문을 가졌어요. 그런 경제 모델들은 시스템 오퍼레이션을 준기계적 관점에서 보는 신고전 경제학자들에 의해 개발된 모델들이에요. 사이먼은 경제 조직은 복잡한 데다가 끊임없이 변화하기 때문에 정적인 평형 분석을 활용하는 것은 조직 분석에 도움이 되지 않는다고 주장했어요.

다른 경제학자 및 경영 과학 전문가들은 사이먼의 그런 견해를 적극적으로 받아들였고, 그것을 토대로 보다 정교한 기업 행동 이론 및 모델을 개발해냈어요. 예를 들어 1963년에 나온 『기업의 행동 이론』은 사이먼의 동료 학자인 리처드 사이어트와 제임스 G. 마치가 쓴 책인데, 그 책에서 두 사람은 사이먼의 이론을 활용해 기업의 의사 결정을 위한 새로운 패러다임들을 만들어냈지요.

Hebert Simon
출생 1916년,
미국 위스콘신 주 밀워키
업적 기업 내 의사 결정을
분석하는 이론들을 개발
사망 2001년, 미국 펜실베이
니아 주 피츠버그

7장

이론가들

THEORISTS '

카오루 이시가와
피터 드러커
알프레드 챈들러
수익성
수만트라 고샬
마이클 해머
톰 피터스
제임스 G. 마치

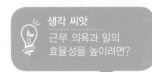
품질 관리 이론가

카오루 이시가와

카오루 이시가와의 주요 관심사는 기업 내 품질 관리 향상이었어요. 1960년대 초에 그는 '품질 관리 서클'이라는 새로운 개념을 만들어냈어요. 직원들이 팀을 이루어 생산 과정을 향상시키기 위한 제안들을 내놓는다는 개념이죠. 그는 또 '품질 관리를 위한 7가지 도구'라는 이론도 개발했는데, 그 가운데 특성–요인 도표는 지금까지도 널리 쓰이고 있어요.

1960년대 초, 당시 동경대학 공학 교수였던 카오루 이시가와는 품질 관리 서클이라는 것을 생각해냈어요. 직원들이 정기적인 모임을 통해 작업 기술 및 숙련도, 창의성 등을 키움으로써 근무 의욕과 일의 효율성을 높인다는 개념이었어요. 이 모임을 통해 많은 품질 개선과 제품 및 작업 혁신을 위한 제안, 생산성 증대 등이 이루어졌어요. 1960년대와 1970년대에 이룩된 일본 산업의 성장은 부분적으로 이 품질 관리 서클의 덕이었다고 말하는 사람들도 있지요.

카오루 이시가와는 품질 향상을 위한 통계 분석의 발전에도 많은 기여를 했어요. 1996년에 나온 자신의 저서 『품질 관리 안내』에서 그는 품질 관리를 위한 7가지 분석 도구를 꼽았는데 막대그래프, 점검표, 파레토도(불량, 결점, 고장 등의 발생 건수 또는 손실 금액을 항목별로 나누

열정과 혁신으로
승 부 한

어 발생빈도 순으로 나열하고 누적 합도 표시한 그림), 그래프, 관리도(통계에 의존해 품질 관리를 할 때 쓰는 그림), 분산도(두 변수 x, y 간의 상호변동 관계를 나타내는 도표), 특성–요인 도표(품질 특성과 요인 사이의 관계를 나타내는 도표)가 바로 그것이에요. 그 7가지 도구 중에 가장 유명한 것은 아마 '물고기 뼈 도표' 또는 '이시가와 도표'로 알려진 특성–요인 도표일 거예요. 특정 문제와 관련된 모든 요소들을 파악하는 데 도움이 되는 도표로, 문제의 원인을 중요도에 따라 그룹별로 정리한 것이지요. 그 결과 나무 모양의 그림이 그려지는데, 나무의 몸통은 주요 문제를 나타내고, 가지들은 확인된 문제의 원인들을 나타내요.

생산 과정 측면에서는 필요한 인력, 생산 방법, 재료, 기계 등이 가지에 해당되고, 관리 측면의 가지는 기업의 각종 정책, 절차, 사람들, 장비 등이 해당되지요. 가지에서 다시 잔가지들이 뻗어나가는데, 그 잔가지들은 해당 가지와 관련된 많은 세부 원인들을 나타내요.

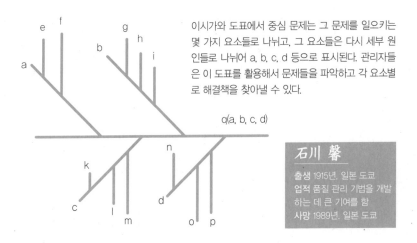

이시가와 도표에서 중심 문제는 그 문제를 일으키는 몇 가지 요소들로 나누고, 그 요소들은 다시 세부 원인들로 나누어 a, b, c, d 등으로 표시된다. 관리자들은 이 도표를 활용해서 문제들을 파악하고 각 요소별로 해결책을 찾아낼 수 있다.

石川 馨

출생 1915년. 일본 도쿄
업적 품질 관리 기법을 개발하는 데 큰 기여를 함
사망 1989년. 일본 도쿄

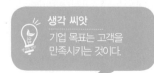

생각 씨앗
기업 목표는 고객을
만족시키는 것이다.

**현대 경영학의
아버지**   피터 드러커

> 피터 드러커는 경영 문제 전문가 및 강연자로 잘 알려져 있으며, 전 세계의
> 기업들에 많은 영향을 주었어요. 그의 영향으로 많은 경영 대학원과 기업 경
> 영 교육 프로그램이 만들어졌어요. 그는 또 잭 웰치의 제너럴 일렉트릭을 비
> 롯한 많은 대기업들을 상대로 경영 컨설턴트도 해주었어요

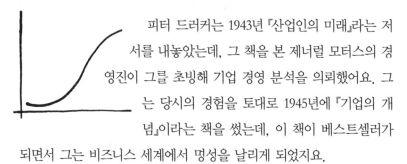

피터 드러커는 1943년 『산업인의 미래』라는 저서를 내놓았는데, 그 책을 본 제너럴 모터스의 경영진이 그를 초빙해 기업 경영 분석을 의뢰했어요. 그는 당시의 경험을 토대로 1945년에 『기업의 개념』이라는 책을 썼는데, 이 책이 베스트셀러가 되면서 그는 비즈니스 세계에서 명성을 날리게 되었지요.

1954년에 내놓은 저서 『경영의 실제』에서 그는 기업 경영을 전례 없이 자세히, 그리고 구체적으로 분석했어요. 그는 책을 쓰면서 자신이 전혀 새로운 분야를 만들고 있다고 생각했다고 해요. 그는 경영을 기술이나 학문의 관점이 아니라 직업의 관점에서 보았어요.

그는 책에서 관리자들에게 3가지 질문을 던졌어요. 당신의 기업은 어떤 기업인가? 당신의 고객들은 어떤 사람들인가? 당신 고객들은 어떤 것을 가치 있게 여기는가? 그의 논지는 기업의 주요 목표는 고객을

열정과 혁신으로
승   부   한

만족시키는 것이 되어야 한다는 것이었어요. 이익이 주요 목표가 아니라 생존에 필요한 중요한 조건으로 봐야 한다는 것이었죠.

『경영의 실제』는 '목표 관리'로 알려진 관리 전략의 토대를 제공한 것으로도 유명해요. 그의 논지는 기업 목표란 폭포처럼 직원들에게까지 흘러가야 하며 의사 결정 과정 또한 보다 많은 사람들이 참여할 수 있어야 한다는 것이었어요. 그러려면 경영진과 직원들 사이에 분명하고 측정 가능하며 반드시 서로 의견 일치가 된 목표가 수립되어야 해요. 수립된 목표가 회사의 과제 및 자원들과 잘 조화되어 폭포처럼 흘러내려가게 하는 것은 관리자의 몫이에요. 각 목표는 반드시 어느 정도 달성되었는지 객관적으로 측정 가능해야 하며, 그를 통해 기업은 믿을 만한 데이터 구축 및 보관 시스템을 개발할 수 있게 돼요.

드러커의 저서들은 지난 60여 년간 30개 언어로 번역되었으며, 미국과 유럽 그리고 일본 업계에 큰 영향을 주었어요. 그의 영향력이 얼마나 컸는지는 아마 잭 웰치의 다음과 같은 말로 가장 잘 요약될 수 있을 거예요. "그가 지난 세기의 가장 위대한 경영 사상가였다는 사실은 온 세상이 잘 알고 있다."

Peter Drucker

출생 1909년.
오스트리아 빈
업적 현대 경영학의 아버지
로 알려진 사상가 겸 저자
사망 2005년. 미국 캘리포니
아 주 클레어몬트

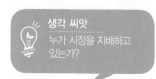

생각 씨앗

누가 시장을 지배하고
있는가?

**경영사
전문가**

알프레드 챈들러

역사학자인 알프레드 챈들러는 경영사를 하나의 학문 분야로 발전시키는 데 큰 기여를 했어요. 기업과 산업을 역사적인 관점에서 분석함으로써 경영 이론 및 기업 전략 분야의 발전에 귀중한 공헌을 할 수 있었던 거지요. 그의 주요 관심사는 전략과 조직 구조 간의 관계, 19세기 후반 기업에서 경영이 한 역할 등이었어요.

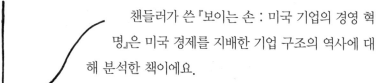

챈들러가 쓴 『보이는 손 : 미국 기업의 경영 혁명』은 미국 경제를 지배한 기업 구조의 역사에 대해 분석한 책이에요.

챈들러는 미국 비즈니스 역사를 1850년을 중심으로 나누었어요. 1850년 전에는 시장 경제가 지배한 시기로, 구매자도 많고 판매자도 많아 아주 경쟁이 치열한 산업 구조였다는 것이 큰 특징이에요. 이밖에 심각한 진입 장벽이 없었으며, 생산량의 균일, 자유롭고 쉽게 비즈니스 지식 및 교역 비결에 접근할 수 있었다는 것 등이 그 시기의 특징이었어요. 챈들러는 이 시기의 미국 기업들을 '전통적인 기업들'이라고 불렀으며 크게 3종류로 나누었어요.

첫 번째 기업은 남부의 대규모 농장으로, 농장 소유주가 직접 사업을 감독하는 아주 단순한 인력 관리 구조와 초보적인 회계 제도를

열정과 혁신으로
승   부   한

갖고 있었어요. 두 번째 기업의 좋은 예는 미국 매사추세츠의 공업 도시 로웰에 있던 직물 공장으로, 대규모 농장들에 비해 더 복잡한 조직 구조를 갖고 있었어요. 세 번째, 가장 복잡한 기업의 좋은 예는 매사추세츠 주 스프링필드에 있던 무기고로, 당시 그곳에서는 인력의 전문화, 초보적인 형태의 생산 라인 시스템과 부서 개념을 도입한 기업 조직 등을 볼 수 있었어요.

1850년 이후는 기업 조직에 혁명이 일어난 시기로, '관리 자본주의' 형태의 조직 구조가 전통적인 기업 조직 구조를 대신하게 돼요. 전문적인 관리자들이 기업 운영을 맡기 시작한 것도 바로 그 무렵이에요. 거대하고 복잡한 조직인 철도 회사들이 그 좋은 예이죠. 예전에 없던 원가 계산 개념도 도입됐고, 그 덕에 관리자들은 최소한의 노력으로 이익을 정확히 예측해 그에 맞는 가격 책정을 할 수 있게 되었어요.

게다가 철도 회사들이 각종 원료와 제품을 미국 각지에 신속하게 그리고 효율적으로 수송하면서 다른 산업들까지 발전시키는 촉매제 역할을 했어요. 교통이 발달되면서 시장 규모가 확대되자, 기업들은 대량 생산 방식을 개발하게 되었고 그 덕에 생산 효율성을 크게 높일 수 있었지요.

Alfred Chandler

출생 1918년.
미국 델라웨어 주 기엔코트
업적 경영 이론의 발전에 큰
기여를 한 경영사 전문가
사망 2007년. 미국 매사추
세츠 주 케임브리지

Profitability
수익성

{ 시장 경제 하에서 수익 또는 이익은 사람들을 기업으로 끌어들이는 원동력
이에요. 기업 소유주는 직원과 물자, 그리고 재정 후원자들에게 필요한 비
용을 지불하고 난 뒤 잔여 가치를 얻을 수 있도록 기업을 운영하게 돼요. 이
잔여 가치는 소유주가 기업을 함으로써 희생해야 하는 '기회비용'보다는 더
커야 해요. }

'기회비용'이란 소유주가 기업을 하지 않고 다른 경제 활동을 통해 얻
을 수 있는 수입을 뜻해요. 소유주가 기업을 운영해서 최소한 그 정도의
이익을 올리지 못한다면, 그 기업을 계속해야 할 이유가 없는 거예요. 보
다 단순한 '회계 이익'과는 다른 이런 이익을 '경제적 이익'이라고 해요.

자유 시장 체제 하에서는 어떤 제품에 대한 고객들의 수요가 늘어나
면 그 제품의 가격도 오르게 되고 그 결과 이익도 늘게 돼요. 그러면 기
업가, 노동력, 자본 같은 자원들은 경제적 이익이 늘어난 곳으로 몰려들
게 되죠. 그래서 이익과 가격은 고객들이 제조업자와 자원 소유주들에게
보내는 일종의 '신호'로 볼 수 있어요.

물론 어떤 분야의 기업들은 다른 분야의 기업들보다 더 많은 이익을
올리기도 하고, 심지어 같은 분야에서도 다른 기업들보다 더 많은 이익을
올리는 기업이 있지요. 그 이유는 첫째, 이익은 위험 부담에 대한 보상이
에요. 어떤 기업이 올릴 수 있는 잠재 이익은 그 기업이 감수하는 위험들
과 관련이 있다는 거죠. 그러니까 위험이 클수록 잠재적인 이익도 크다는

것이에요. 두 번째 이유는 이익은 시장 구조와 관련이 있다는 것이에요. 대기업이 지배하는 분야에서는 대체로 평균 수익성이 더 높다는 것인데요. 그것은 그 기업이 경쟁 억제 전략을 쓰고 있거나, 아니면 다른 기업들보다 우수한 생산 기법과 경영 기법을 쓰고 있기 때문이에요. 마지막으로 이익은 한 기업이 과거에 행한 연구 및 개발 투자에 대한 보상이에요. 연구 및 개발 덕에 이익을 창출하는 신제품을 내놓거나 생산비를 최소화시켜주는 새로운 생산 과정을 개발해냈다는 것이죠.

여기서 중요한 의문은 더 많은 이익을 올리는 기업이 경쟁 억제 전략 때문인지, 아니면 뛰어난 생산 및 경영 기법 때문인지 모르는 것이죠. 첫 번째 이유에서 기업이 많은 이익을 올릴 수 있는 것은 시장 지배력을 악용하기 때문이라는 것인데, 소수의 기업들이 전체 생산량에서 차지하는 비중이 클수록, 그 기업들이 과도한 이익을 올리기 위해 서로 결탁해 진입 장벽을 쌓기 쉬워진다는 거예요. 아니면 그 기업들이 각자의 시장 지배력을 이용해 제품 가격을 올려서 많은 이익을 볼 수도 있어요. 그런 경우 결국 그 기업들의 힘을 억제하기 위해 정부가 개입해 각종 규제를 해야 하지요.

두 번째는 규모가 큰 기업일수록 규모의 경제 덕에 다른 기업들보다 더 효율성이 높고, 그래서 더 많은 이익을 보게 된다는 것이에요. 이런 경우 정부가 개입해 그 기업들을 규제하진 않아요. 시간이 지나면 시장이 불균형을 바로잡아주기 때문이에요. 어떤 기업이 독점을 한다 해도 새로운 제품이나 서비스가 시장에 들어오는 걸 막을 수는 없지요. 게다가 이익이 많이 나는 시장이 있다면, 누군가 반드시 그 시장에 뛰어들려 하거든요.

생각 씨앗
다국적 기업의
발전 단계는?

전체적
이론 전문가

수만트라 고샬

수만트라 고샬은 다국적 기업들의 발자취를 추적해 '초국적 기업'이라는 새
로운 개념을 만들어냈어요. 그리고 자신의 최근 저서를 통해 기존 경영 이
론을 비판했어요. 기존 경영 이론에서는 관리자들이 순전히 경제적인 기준
에서 움직인다고 가정함으로써 보다 폭넓은 사회적 요인들을 간과하는 경
우가 많다는 거예요.

고샬은 다국적 기업의 발전 단계를 셋으로 나
누었고, 각 단계를 집중화된 조직과 분권화된 조
직이라는 두 가지 측면에서 설명했어요. 첫 번째 단계
의 다국적 기업은 제1차 세계 대전 전 유럽에
서 흔히 볼 수 있었던 분권화된 연합 조직으로,
종합 생활용품 기업 유니레버와 다국적 석유 기업 쉘, 종합화학 기업
ICI 등이 그 대표적인 예예요. 그 기업들의 외국 자회사들은 상당 수
준의 자율성을 갖고 해당 국가의 시장에 전념했어요. 두 번째 단계의
다국적 기업은 제1차 세계 대전 이후 미국에서 흔히 볼 수 있던 통
합된 연합 조직으로, 코카콜라, IBM, 프록터 앤 갬블 등이 그 좋은
예예요. 그 기업들의 외국 자회사들은 생산 및 마케팅 측면에서는 어
느 정도 자율성을 갖고 있었지만, 새로운 제품 및 기술 개발 측면에서
는 미국에 있는 모기업이 상당한 영향력을 발휘했어요. 세 번째 단계

열정과 혁신으로
승   부   한

의 다국적 기업은 중앙집권적 조직으로, 일본 자동차 기업 혼다와 전자 기업 마쓰시타가 그 좋은 예에요. 이 다국적 기업들은 생산과 기술은 일본 본사에 의존하고, 외국 자회사들은 단순한 유통 지점들로 활용했어요. 이 전략의 특징은 생산이 일본 내에서 집중적으로 이루어졌기 때문에 대량 생산의 효율성을 최대한 활용할 수 있었다는 거예요.

고샬은 이 세 단계의 다국적 기업들의 차이는 주로 각 기업이 속해 있는 산업 분야의 특성과 경쟁의 정도에 따라 결정된다고 주장했어요. 예를 들어 식품, 의류, 가구류처럼 제품 판매율이 국내 시장의 비중이 큰 경우, 기업은 분권화된 조직 형태를 취할 가능성이 높다는 거예요.

1980년대와 1990년대에 나타난 '초국적' 기업들은 자원과 기술과 기타 역량이 통합된 네트워크를 가진 기업들이에요. 이 기업들의 경우에는 조직의 중심이 따로 없어요. 대신 각 기업이 나름대로의 아이디어와 전략에 따라 움직이고 그 아이디어와 전략을 다른 기업에서 활용하기도 해요. 본사는 조직 전체의 목표를 명확히 세우고 적절한 경영 문화를 개발함으로써, 각 국 기업들을 통합적으로 관리만 하면 되는 거예요.

Charlotte
Perkins Gilman

출생 1860년, 미국 코네티
컷 주 하트퍼드
업적 경제학 연구에 성별 문
제를 도입
사망 1935년, 미국 캘리포니
아 주 패서디나

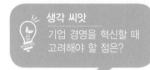

생각 씨앗
기업 경영을 혁신할 때
고려해야 할 점은?

**경영 활동
이론가** 마이클 해머

마이클 해머는 기업 경영 혁신(BPR) 분야에서 큰 업적을 남겼고, 그것이 전 세계의 많은 기업 관리자들에게 영향을 주어 기업 전략에 변화가 일어났어요. 세계적인 주간지 〈타임〉은 1996년에 그를 미국에서 가장 영향력 있는 인물 25인 중 한 명으로 꼽기도 했어요.

흔히 BPR(Business Process Engineering)이라고 불리는 '기업 경영 혁신'은 마이클 해머와 제임스 챔피가 1993년에 내놓은 서서 『기업 혁신』에서 주장한 경영 이론으로, 주로 기업 내의 '업무 흐름' 즉, 경영 활동을 분석하기 위한 목적으로 개발된 것이에요. 각 업무를 어떻게 규정하고 조직할 것인지, 업무는 누가, 어떤 순서에 따라 할 것인지, 그리고 어떻게 동기화할 것인지, 또 이런 일들을 뒷받침하기 위해 정보 흐름을 어떻게 활용할 것인지 등을 분석하는 것이 기업 경영 혁신 이론의 핵심이에요.

마이클 해머는 대부분의 기업이 시대에 뒤떨어진 기술, 자원, 기업 목표 등을 토대로 각종 경영 활동을 하고 있다고 주장했어요. 기업 경영 혁신의 핵심은 관리자들의 생각을 바꿔 현재 기업 내에서 이루어지는 거의 모든 업무를 대대적으로 혁신하는 것이에요. 해머는 잘 계획되고 실행된 정보 기술 시스템이 그 같은 변화의 주요 원동력이 되어야 한다고 말했어요.

해머와 챔피는 기업 경영을 혁신할 때 고려해야 할 여러 가지 원칙들을 제안했어요. 그 가운데 특히 중요한 원칙은 서로 다른 분야의 업무들보다는 최종 성과에 초점을 맞출 수 있게 조직을 혁신해야 한다는 거예요. 그렇게 되면 서로 다른 다양한 업무 과정들을 혁신할 수 있어요. 한 가지 기능을 가진 팀에서 다른 팀으로 넘기는 것이 아니라, 그 일 자체를 재조정해 한 팀이 처음부터 끝까지 전체 업무 과정을 추적할 수 있게 하는 것이죠.

이밖에도 모든 업무 과정에 대한 철저한 검사, 변화시켜야 할 것들에 대한 우선순위 설정과 업무 흐름 즉, 경영 활동들은 초기 단계에서 통합 조정되는 것이 좋다고 제안했어요.

그러나 1990년대 후반에 들어서 기업 경영 혁신은 일부 비판의 소리를 듣게 되었어요. 기업 경영 혁신 이론이 업무 흐름과 과정이 취약한 조직 구조에서 나온다는 가정에 기초하고 있다는 비판을 받은 거예요. 모든 것을 새롭게 시작해야 한다고 제안한 이 이론대로 하다보면, 그 기업이 처한 모든 상황들까지 무시하게 된다는 거였죠. 결국 기업 경영 혁신 이론은 인건비를 줄이기 위해 순전히 기업 규모만 줄이는 부정적인 전략이라는 비판까지 받게 되었어요.

Michael Hammer
출생 1948년, 미국 메릴랜드
주 아나폴리스
업적 저명한 세계적인 경영
사상가로, 기업 경영 혁신에
큰 기여를 함

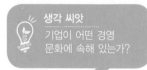

생각 씨앗
기업이 어떤 경영
문화에 속해 있는가?

분석가겸 선각자 찰스 핸디

찰스 핸디는 사상가이자 저자, 컨설턴트이자 학자로, 경영 및 조직 행동 이론에 큰 기여를 했어요. 그는 기업 세계에서 일어날 많은 근본적인 변화와 새로운 흐름들을 예견해 분석가라기보다는 선각자로 여겨지고 있어요. 그는 새로운 전략을 짜거나 도전에 직면했을 때 그 기업이 어떤 경영 문화에 속해 있는지를 파악하는 것이 기업 경영의 본질이라고 했어요.

핸디는 자신이 쓴 책에서 그 누구도 현대 경영의 역할을 정확히 설명하고 있지 못하다고 보고, 새로운 관점으로 경영학을 설명하고 있어요. 특히 1978년에 출판된 『경영의 신들』에서 그는 기업이 갖고 있는 네 가지 경영 문화를 고대 그리스 신들에 비유해 설명하고 분석했어요.

첫 번째 경영 문화는 그리스 신들 중 가장 강력한 신인 제우스에 비유되는 '힘' 문화예요. 여기서는 모든 권위와 힘이 한 가지 자원에서 나와 바퀴살처럼 밖으로 퍼져나가요. 조그만 기업 조직이나 정치 집단들의 경영 문화가 대개 이에 속하죠. 두 번째 경영 문화는 질서와 이성을 상징하는 제우스의 아들 아폴로에 비유되는 '역할' 문화예요. 핸디는 이 문화에서 질서정연한 관료 조직이 나온다고 보았어요. 이런 조직에서는 의사 결정이 예측 가능하고 일관성이 있지만, 변화가 일어

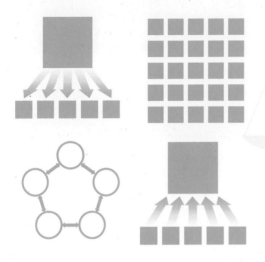

'제우스'형 조직은 권위 있는 어떤 한 인물에 의해 움직이고, '아폴로'형 조직은 관료주의적 계급 체계에 따라 움직이며 각자의 권한을 명확히 규정한다. '아테나'형 조직은 많은 소집단의 유연한 상호 협조에 의해 움직이고 마지막으로 '디오니소스'형 조직은 개별적인 여러 팀들이 명목상의 리더를 뒷받침한다.

나기는 어려워요. 대기업과 정부 부처들이 아폴로형 조직의 좋은 예에요. 세 번째 경영 문화는 지혜의 여신인 아테나에 비유되는 '업무' 문화예요. 이 형태의 조직에서는 작은 팀들이 서로 협력해 문제를 해결하며, 조직 내의 개인과 팀들이 어떤 결과를 내기 위해 보다 큰 자율성을 갖고 업무에 임해요. 네 번째 경영 문화는 문명을 장려하는 신인 디오니소스에 비유되는 '개인' 문화예요. 핸디의 분석에 따르면, 이 형태의 조직은 특정한 개인들을 중심으로 만들어지며 조직 자체가 각 개인의 목표 달성에 도움을 줘요. 그래서 이런 조직은 어떤 새로운 도전을 하거나 조직의 역할을 변화시키기가 어렵지요. 디오니소스형 조직의 대표적인 예는 대학과 법률 회사예요.

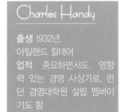

Charles Handy

출생 1932년. 아일랜드 킬데어
업적 중요하면서도 영향력 있는 경영 사상가로, 런던 경영대학원 설립 멤버이기도 함

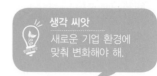
**현대 경영
이론가** 톰 피터스

> 톰 피터스는 세계적인 컨설팅 전문 기업인 맥킨지 앤 컴퍼니(McKinsey &
> Company)에서 일을 하다 독립하여 컨설팅 회사를 차렸어요. 1982년에 유
> 명한 경영 전문가 로버트 워터먼과 함께 쓴 책 『초우량 기업의 조건』이 엄청
> 난 반향을 불러일으키면서 톰 피터스는 현대 경영의 최고 권위자 중 한 사
> 람이 되었어요.

1980년대를 지배하던 경영 아이디어들은 주로 일본식 경영에서 나왔는데, 그것이 미국이나 유럽의 기업들한테는 잘 맞지 않는 듯했어요. 그래서 피터스는 로버트 워터먼과 함께 성공한 미국 기업 43개를 분석해 그 기업들의 공통된 특징과 그 특징들을 다른 기업에도 적용할 수 있는지를 연구했어요. 그 연구 결과를 쓴 책이 『초우량 기업의 조건』이에요. 이 책에 담긴 이론은 전 세계 기업들에게 지대한 영향을 끼쳤어요.

피터스는 책에서 미국의 초우량 기업들은 공통적으로 8가지 '주제' 즉 8가지 성공 요소를 갖고 있다고 주장했어요. 첫 번째 요소는 행동이에요. 경영진은 단순히 계획만 할 것이 아니라, 앞장서서 새로운 아이디어를 찾고 그와 관련해 적절한 결정을 내려 실행에 옮겨야 한다는 거예요. 두 번째 요소는 소비자들로부터 교훈을 얻어야 하는 것이고,

열정과 혁신으로
승 부 한

세 번째는 기업 내에 진취적인 정신과 혁신을 불어넣어 '투사'들을 육성하고 지원해야 한다는 것이에요. 네 번째 요소는 직원들을 보다 큰 생산성을 발휘하는 데 꼭 필요한 자원이자 기업의 소중한 자산으로 여겨야 하며, 다섯 번째는 경영진이 회사 일에 더욱 전념해 매일 매일의 기업 업무에 직접 참여해야 한다는 것이에요. 그래야 경영진이 기업 현실과 너무 동떨어진 생각을 갖지 않게 된다는 것이죠. 여섯 번째 요소는 주력 부문에 충실해야 한다는 것이에요. 그러니까 기업이 가장 잘 아는 분야, 핵심 역량을 가진 분야에서 벗어나지 않도록 해야 한다는 것이죠. 일곱 번째 요소는 조직이 너무 복잡해지거나 비대해지지 않게 하는 것이에요. 마지막으로 여덟 번째 요소는 '느슨하면서도 단단하게'로, 경영진은 직원들에게 어느 정도의 권한과 자유를 허용해야 한다는 것이에요. 피터스는 관리자들이 세부적인 실제 업무에서 곤경에 처하지 않으려면 직원들에게 어느 정도의 권한을 위임하는 것이 필요하다고 믿었어요.

『초우량 기업의 조건』은 미국과 유럽의 경영 및 경영학 교육에 지대한 영향을 주었어요. 그 책을 출간한 이래로 피터스는 새로운 현실에 맞추어 자신의 관점을 조금씩 수정해왔어요. 현재 그는 기업의 목표는 초우량 기업이 되는 것이 아니라, 다른 기업들보다 앞서나가고 혁신을 꾀하고 새로운 기업 환경에 맞춰 변화해야 한다고 강조하고 있어요. 그럼에도 불구하고 그 책에서 다룬 내용의 대부분과 핵심 역량을 중심으로 한 리더십에 대한 강조는 오늘날의 기업에도 여전히 적용 가능하지요.

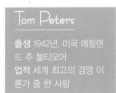

Tom Peters

출생 1942년. 미국 메릴랜드 주 볼티모어
업적 세계 최고의 경영 이론가 중 한 사람

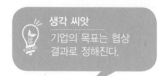
행동 이론의 대가

제임스 G. 마치

{ 제임스 G. 마치는 자신의 동료인 리처드 사이어트, 허버트 사이먼과 함께 기업의 행동 이론을 개발해냈어요. 이 이론은 조직 내에서의 의사 결정 과정을 이해하는 것이 중심 내용이에요. 뿐만 아니라 경영 및 조직 변화, 거래 비용의 경제학 등 미래 지향적 이론을 세우는 데 필요한 튼튼한 지적 토대를 마련해 주었지요. }

제임스 마치가 1963년에 펴낸 저서 『기업의 행동 이론』에서는 기업을 조직 및 의사 결정 과정 측면에서 정의하고 있어요. 관리자, 주주, 직원, 고객, 재료 공급 업체, 노동조합 등 기업의 활동에 영향을 미치는 개인과 집단이 워낙 많기 때문에, 현재 기업의 범위는 너무 느슨하게 정의되고 있다는 것이에요. 경영진을 한 집단으로 보자면, 마케팅, 생산, 인사 등의 집단으로 나눌 수 있는데, 각 집단은 서로 자신의 우선순위와 목표에 전념하지요.

행동 이론에서는 한 조직 내에서 일어나는 실제 행동들을 관찰하며, 모든 의사 결정이 불확실성이 지배하는 환경에 따라 이루어진다고 보고 있어요(1959년 허버트 사이먼이 주장한 '제한된 합리성'). 마치는 기업 내의 모든 의사 결정은 관련된 모든 개인과 집단의 믿음, 인식, 포부 등에 영향을 받게 되는데, 개인과 집단이 생각이 다르기 때문에 갈등

열정과 혁신으로
승   부   한

이 발생하게 된다고 주장했어요. 그리고 그 갈등은 협상 과정을 통해 (가끔은 보상을 통해) 해결되며, 그 결과 기업의 목표가 정해지게 된다는 것이에요. 기업의 목표는 기업 스스로 정하는 것이 아니라 조직 내에서의 협상 결과로 정해진다는 것이죠. 그런데 다양한 이해 당사자들의 믿음과 포부는 시간이 지나면서 바뀌기 때문에, 기업의 목표 또한 늘 바뀔 수밖에 없죠. 만일 어떤 기업이 계속해서 관리자들의 포부를 뛰어넘거나 밑도는 실적을 올리게 될 경우, 그 실적 기준 자체가 수정되면서 새로운 목표가 정해지게 돼요. 따라서 결국 기업 목표는 과거의 실적에 의해 좌우된다는 거예요.

기업의 목표는 이윤 극대화 같은 단순한 공식으로 줄일 수가 없어요. 복잡성, 불완전한 정보, 불확실성 등이 지배하는 기업 환경 속에서 이윤 극대화에 필요한 일련의 행동을 정확히 결정한다는 것이 불가능하기 때문이에요.

이런 접근 방법은 1960년대의 경영 및 경영 교육에 큰 영향을 주었고, 그 결과 기업 경영진들은 시대에 뒤떨어진 경제적 가정을 하지 않아도 되었지요. 단점은 모든 기업의 조직이 다르기 때문에 최종적이면서도 완벽한 행동 이론을 세울 수 없다는 것이에요. 그리고 실제 행동에 대한 관찰을 토대로 하기 때문에, 장기적으로 기업이 어떻게 발전하고 성장해야 하는지에 대해 광범위한 일반론밖에 제공하지 못한다는 한계도 갖고 있어요.

James G. March

출생 1928년. 미국 오하이오 주 클리블랜드
업적 의사 결정에 필요한 조직 이론을 개발하면서 심리학과 사회학을 도입한 이론가

인덱스